朝鮮總督府編纂 (1923〜1924)

『普通學校國語讀本』

第二期 原文 (中)

(卷五〜卷八)

김순전 · 사희영 · 박경수 · 박제홍 · 장미경

編

제이엔씨
Publishing Company

普通學校

國語讀本

卷
五

普通學校

國語讀本

卷
六

普通學校

國語讀本

卷
七

普通學校

國語讀本

卷
八

≪(中) 總目次≫

『普通學校國語讀本』巻六 (3學年 2學期, 1923) ……………… 89

もくろく

『普通學校國語讀本』巻七(4學年 1學期, 1924) ……………… 145
もくろく

序 文

1. 조선총독부 편찬 第二期『普通學校國語讀本』원문서 발간의 의의

베네딕트 앤더슨은 '국민국가'란 절대적인 존재가 아니라 상대적인 것이며 '상상된 공동체'라 하였는데, 이러한 공동체 안에서 국민국가는 그 상대성을 극복하기 위하여 학교와 군대, 공장, 종교, 문학 그 밖의 모든 제도와 다양한 기제들을 통해 사람들을 국민화 하였다. 근대 국민국가의 이러한 국민화는 특히 '근대국가'라는 담론 속에서 '교육'이라는 장치를 통해 궁극적으로 국가 원리를 체현할 수 있는 개조된 국민을 만들어 내기위해 이데올로기 교육을 시행해 왔다.

국민교육의 정화(精華)라 할 수 있는 교과서는 한 나라의 역사진행과 불가분의 관계를 지니고 있기에 사회의 변천이나 당시의 문명과 문화를 파악할 수 있을 뿐만 아니라 각 시대의 역사인식까지도 파악할 수 있다. 이는 당시의 기성세대가 어떤 방향으로 국민을 이끌어 가려 했고, 또 그 교육을 받은 세대(世代)는 어떠한 비전을 가지고 새 역사를 만들어가려 하였는지도 판독할 수 있다는 말이 된다. 이렇듯 한 시대의 교과서는 후세들의 세태판독과 미래 창조의 설계를 위한 자료적 측면에서도 매우 중요하다.

이에 일제강점기 조선의 초등학교에서 사용되었던 조선총독부 편찬 第二期『普通學校國語讀本』(1923~1924) 원문서를 정리하여 발간하는 일은 한국근대사 및 일제강점기 연구에 크게 기여할 수 있는 필수적 사항이라 할 것이다. 이로써 일제강점기 한국에서 시행된 일본어교육과정에 대한 직접자료의 확보는 물론이려니와, 한국학(韓國學) 및 일본학(日本學) 연구 분야에서 새로운 지평을 여는데 하나의 방향 및 대안을 제시할 수도 있기 때문이다.

우리는 지금까지 "일본이 조선을 강제로 합병하여 식민통치를 했다."는 개괄적인 이야기는 수없이 들어왔으나, 실증적 자료가 너무도 미비된 관계로 실체를 온전히 파악하는데 한계가 있었다. 일제강점기 조선총독부 편찬 第二期『普通學校國語讀本』의 원문서의 발간은 '일본이 조선에서 일본어를 어떻게 가르쳤는가?'를 실제로 보여주는 작업이 될 것이며, 아울러 교과 내용은 과거 긴박했던 세계정세에 따른 일제의 식민지교육정책의 변화까지도 파악할 수 있는 실증적 자료의 복원이 될 것이다.

아무쪼록 현시점에서 보다 나은 시각으로 당시의 식민지정책이 내재된 교육적 장치에 담긴 경제, 사회, 문화면 등과 함께 역사관을 새롭게 구명할 수 있는 기초자료로 활용되기를 기대한다.

2. 근대 조선의 일본어 교육

1) 일본의 '國語' 이데올로기

근대에 들어 국가는 소속감, 공통문화에 대한 연대의식과 정치적 애국심을 바탕으로 강력한 국민국가의 형태로 나타났다. 외세의 침입으로부터

국가를 보호하기 위해 국민을 계몽하고 국력을 신장시키는데 국가적 힘을 결집하였으며 국가가 필요로 하는 국민양성을 위해 각종 법령을 마련하는 등 국민교육을 국가의 주요기능에 편입시켰다.

국가주의는 국민(nation)이 주체로서 구성원 개개인의 감정, 의식, 운동, 정책, 문화의 동질성을 기본으로 하여 성립된 근대 국민국가라는 특징을 갖고 있다. 국가주의의 가장 핵심적인 요소는 인종, 국가, 민족, 영토 등의 객관적인 것이지만 공용어(公用語)와 문화의 동질성에서 비롯된 같은 부류의 존재라는 '우리 의식'(we~feeling) 내지 '自覺'과 같은 내적 요인을 더욱 중요시 여기는 것이 일반적이다.

'우리 의식'과 같은 국민의식은 국가를 위한 운동, 국가 전통, 국가 이익, 국가 안전, 국가에 대한 사명감(使命感) 등을 중시한다. 이러한 국민의식을 역사와 문화 교육을 통해 육성시킴으로써 강력한 국가를 건설한 예가 바로 독일이다. 근대 국민국가의 어떤 특정한 주의(예를 들면 독일의 나치즘 (Nazism), 이탈리아의 파시즘(Fascism), 일본의 쇼비니즘(Chauvinism) 등) 가 맹목적인 애국주의와 국수주의적인 문화 및 민족의식을 강조하다가 제국적인 침략주의로 전락한바 있었던 사실을 주지할 필요가 있을 것이다.

'Ideology'란 용어는 Idea와 Logic의 합성어로 창의와 논리의 뜻을 담고 있다. 근대 국민의식에 내재되고 수용된 'Ideology'에 대한 Engels와 Marx 의 이념 정의는, "자연, 세계, 사회 및 역사에 대해 가치를 부여하고 그 가치성을 긍정적, 부정적으로 평가하는 동의자와 일체감을 형성하여 그 가치성을 행동으로 성취하는 행위"[1]로 요약된다. 말하자면 '개인의 의식 속에 내재해 있으면서도 개인의식과는 달리 개인이 소속한 집단, 사회, 계급, 민족이 공유하고 있는 〈공동의식〉, 즉 〈사회의식〉과 같은 것'이라 할 수 있다.

---

1) 高範瑞 외 2인(1989), 『現代 이데올로기 總論』, 학문사, pp.11~18 참조.

메이지유신 이후의 주목할 만한 변화는, 정치적으로는 〈國民皆兵制〉(1889)가 실시되고, 〈皇室典範〉(1889)이 공포되어 황실숭상이 의무화되었고, 〈大日本帝國憲法〉(1889)의 발포로 제국주의의 기초가 마련되었다. 또한 교육적으로는 근대교육제도(學制, 1872)의 제정 공포, 〈敎育勅語〉(1890)와 「기미가요(君が代)」(1893) 보급 등으로 초국가주의적 교육체제가 확립[2]되었으며, 교과서정책은 초기의 〈自由制〉에서 〈開申制(届出制)〉(1880), 〈認可制〉(1883) 〈檢定制〉(1886)를 거쳐, 1904年 〈國定敎科書〉 제도로서 규제해 나갔다

우에다 가즈토시(上田萬年)가 주장했던 '母語 = 國語' 이데올로기는, 일본어의 口語에 의해 구체화되었다. 학습에 의해서 습득할 수 있는 지극히 인위적인 언어였음에도 근대일본의 여러 제도(교육, 법률, 미디어 등)는, 이 口語에 의해 유지되어, '母語 = 國語' 이데올로기로 확대 재생산되기에 이르렀으며, 오늘날에도 '日本語 = 國語'는 일본인에 있어서 대단히 자명한 사실인 것처럼 받아들여지고 있다.

일본에서 '國語'란 만세일계의 황통이니, 팔굉일우(八紘一宇)니, 국체명징(國體明徵)이니, 기미가요(君が代) 등으로 표현되는 천황에 대한 충성심과 희생정신을 기조로 근대 일본국가주의 이데올로기로 자리 잡게 되었다. 즉 '명령과 절대복종'식의 도덕성과 충군애국사상을 담은 '국가주의'에 의한 '國語'교육이 된 것이다.

2) 합병 후 조선의 교육제도와 일본어 교육

조선에서의 일본어 교육은 식민지라는 특수한 상황에서 일본식 풍속미

---

2) 黃惠淑(2000), 「日本社會科敎育의 理念變遷硏究」, 韓國敎員大學校 大學院 博士學位論文, p.1.

화의 동화정책을 시행하기 위해 가장 기본적인 수단으로 중요시되었다. 이는 말과 역사 그리고 문화 전반을 정복하는 것이 동화정책의 시작이요 완성이라는 의미이다.

1910년 8월 29일, 한국은 일본에 합병되었다. 이에 관한 메이지천황의 합병에 관한 조서(詔書)는 다음과 같다.

> 짐은 동양의 평화를 영원히 유지하고 제국의 안전을 장래에 보장할 필요를 고려하여‥‥‥조선을 일본제국에 합병함으로써 시세의 요구에 응하지 않을 수 없음을 염두에 두어 이에 영구히 조선을 제국에 합병하노라‥下略‥3)

일제는 한일합병이 이루어지자 〈大韓帝國〉을 일본제국의 한 지역으로 인식시키기 위하여 〈朝鮮〉으로 개칭(改稱)하였다. 그리고 제국주의 식민지정책 기관으로 〈朝鮮總督府〉를 설치하고, 초대 총독으로 데라우치 마사타케(寺內正毅, 이하 데라우치)를 임명하여 무단정치와 제국신민 교육을 병행하여 추진하였다. 따라서 일제는 조선인 교육정책의 중점을 '점진적 동화주의'에 두고 풍속미화(풍속의 일본화), 일본어 사용, 국정교과서의 편찬과 교원양성, 여자교육과 실업교육에 주력하여 보통교육으로 관철시키고자 했다. 특히 일제 보통교육 정책의 근간이 되는 풍속미화는 황국신민의 품성과 자질을 육성하기 위한 것으로 일본의 국체정신과 이에 대한 충성, 근면, 정직, 순량, 청결, 저축 등의 습속을 함양하는 데 있었다. 일본에서는 이를 〈통속교육위원회〉라는 기구를 설치하여 사회교화라는 차원에서 실행하였는데, 조선에서는 이러한 사회교화 정책을 보통학교를 거점으로 구상했다는 점이 일본과 다르다 할 수 있다.4)

---

3) 教育編纂会, 『明治以降教育制度発達史』, 第十卷 1964년 10월, p.41(필자 번역, 이하 동). 朝鮮教育研究會, 『朝鮮教育者必讀』, 1918년, pp.47~48 참고.
4) 정혜정·배영희(2004),「일제 강점기 보통학교 교육정책연구」,『教育史學 硏究』,

　조선총독부는 한국병합 1년 후인 1911년 8월 24일 〈조선교육령(朝鮮敎育令)〉[5]을 공포함으로써 교육령에 의한 본격적인 동화교육에 착수하였다. 초대 조선총독 데라우치의 교육에 관한 근본방침을 근거로 한 〈조선교육령〉은 全文 13개조로 되어 있으며, 그 취지는 다음과 같다.

> 조선은 아직 일본과 사정이 같지 않아서, 이로써 그 교육은 특히 덕성(德性)의 함양과 일본어의 보급에 주력함으로써 황국신민다운 성격을 양성하고 아울러 생활에 필요한 지식 기능을 교육함을 본지(本旨)로 하고……조선이 제국의 융운(隆運)에 동반하여 그 경복(慶福)을 만끽함은 실로 후진 교육에 중차대한 조선 민중을 잘 유의시켜 각자 그 분수에 맞게 자제를 교육시켜 成德達才의 정도에 따라야 할 것이며, 비로소 조선의 민중은 우리 皇上一視同仁의 홍은(鴻恩)을 입고, 一身一家의 福利를 향수(享受)하고 人文 발전에 공헌함으로써 제국신민다운 열매를 맺을 것이다.[6]

　이에 따라 교사의 양성에 있어서도 〈조선교육령〉에 의하여, 구한말 고종의 〈교육입국조서〉의 취지에 따라 설립했던 기존의 '한성사범학교'를 폐지하고, '관립고등보통학교'와 '관립여자고등보통학교'를 졸업한 자를 대상으로 1년간의 사범교육을 실시하여 배출하였고, 부족한 교원은 '경성고등보통학교'와 '평양고등보통학교'에 수업기간 3개월의 임시교원 속성과를 설치하여 〈조선교육령〉의 취지에 맞는 교사를 양산해 내기에 이른다.

　데라우치 마사타케가 제시한 식민지 교육에 관한 세 가지 방침은 첫째, '조선인에 대하여 〈敎育勅語〉(Imperial rescript on Education)의 취지에 근거하여 덕육을 실시할 것' 둘째, '조선인에게 반드시 일본어를 배우게 할

　서울대학교 敎育史學會 편, p.166 참고.
5) 敎育編纂会(1964, 10), 『明治以降敎育制度発達史』, 第十卷, pp.60~63.
6) 朝鮮總督府(1964, 10), 『朝鮮敎育要覽』, 1919년 1월, p.21. 敎育編纂会, 『明治以降敎育制度発達史』, 第十卷, pp.64~65.

것이며 학교에서 교수용어는 일본어로 할 것.' 셋째, '조선인에 대한 교육제
도는 일본인과는 별도로 하고 조선의 시세(時勢) 및 민도(民度)에 따른 점
진주의에 의해 교육을 시행하는 것'이었다.

〈제1차 조선교육령〉(1911)에 의거한 데라우치의 교육방침은 "일본인 자
제에게는 학술, 기예의 교육을 받게 하여 국가융성의 주체가 되게 하고,
조선인 자제에게는 덕성의 함양과 근검을 훈육하여 충량한 국민으로 양성
해 나가는 것"[7]이었다. 데라우치는 이러한 교육목표를 내세우며, 일상생활
에 '필수(必須)한 知識技能을 몸에 익혀 실세에 적응할 보통교육을 강조하
는 한편, 1911년 11월의 「일반인에 대한 유고(諭告)」에서는 '덕성을 함양하
고 일본어를 보급하여 신민을 양성해야 한다'고 '교육의 필요성'을 역설하
기도 했다. 이에 따라 보통학교의 교육연한은 보통학교 3~4년제, 고등보
통학교 4년제, 여자고등보통학교 3년제로 정해졌으며, 이와 관련된 사항을
〈조선교육령〉에 명시하였다.

한편 일본인학교의 교육연한은 초등학교 6년제, 중학교 5년제, 고등여학
교 5년제(1912년 3월 府令 제44호, 45호)로, 조선인과는 다른 교육정책으로
복선형 교육제도를 실시하였음을 알 수 있다. 〈제1차 조선교육령〉시기 보
통학교 교과목, 교과과정, 수업시수를 〈표 1〉로 정리하였다.[8]

---

7) 정혜정·배영희(2004), 위의 논문, p.167.
8) 朝鮮教育會(1935), 『朝鮮學事例規』, pp.409~410 참조.

〈표 1〉〈제1차 조선교육령〉시기 보통학교 교과과정과 매주 교수시수(1911~1921)[9]

과목＼학년	1학년		2학년		3학년		4학년	
	과정	시수	과정	시수	과정	시수	과정	시수
수신	수신의 요지	1	좌동	1	좌동	1	좌동	1
국어	독법, 해석, 회화, 암송, 받아쓰기, 작문, 습자	10	좌동	10	좌동	10	좌동	10
조선어及한문	독법, 해석, 받아쓰기, 작문, 습자	6	좌동	6	좌동	5	좌동	5
산술	정수	6	좌동	6	좌동, 소수, 제등수, 주산	6	분수, 비례, 보합산, 구적, 주산	6
이과					자연계의 사물현상 및 그의 이용	2	좌동, 인신 생리 및 위생의 대요	2
창가	단음창가	3	좌동	3	좌동	3	좌동	3
체조	체조, 보통체조				좌동		좌동	
도화	자재화				좌동		좌동	
수공	간이한 세공				좌동	2	좌동	2
재봉及수공	운침법, 보통의류의 재봉, 간이한 수예		보통의류의 재봉법, 선법, 간이한 수예		좌동 및 의류의 선법		좌동	
농업초보					농업의 초보 및 실습		좌동	
상업초보					상업의 초보		좌동	
계		26		26		27		27
국어/전체시수(%)		38		38		37		37

〈표 1〉에서 알 수 있듯이 1, 2학년의 교과목에는 수신, 국어, 조선어및한문, 산술, 창가에 시수를 배정하였으며, '체조', '도화', '수공'과, '재봉및수공(女)'과목은 공식적으로 시수를 배정하지 않았다. 그러나 교과과정을 명시하여 교사의 재량 하에 교육과정을 이수하게 하였다. 그리고 3, 4학년과정

---

9) 〈표 1〉은 김경자 외 공저(2005), 『한국근대초등교육의 좌절』, p.77을 참고하여 재작성 하였음.

에서 '조선어및한문'을 1시간을 줄이고 '수공'에 2시간을 배정함으로써 차츰 실용교육을 지향하고 있음을 보여준다.

가장 주목되는 것은 타 교과목에 비해 압도적인 시수와 비중을 차지하고 있는 '國語(일본어)' 과목이다. 특히 언어교육이란 지배국의 이데올로기를 담고 있기 때문에 일본어교육은 일제가 동화정책의 출발점에서 가장 중요시하였던 부분이었다. 〈표 1〉에서 제시된 '國語'과목의 주된 교과과정은 독법, 회화, 암송, 작문, 습자 등으로 일본어교육의 측면만을 드러내고 있다. 그런데 교과서의 주된 내용이 일본의 역사, 지리, 생물, 과학을 포괄하고 있을 뿐만 아니라, 일본의 사상, 문화, 문명은 물론 '실세에 적응할 보통교육' 수준의 실용교육에 까지 미치고 있어, '國語'교과서만으로도 타 교과목의 내용을 학습하도록 되어 있어 식민지교육을 위한 종합교과서라고 볼 수 있다. 그런만큼 40%에 가까운 압도적인 시수를 배정하여 집중적으로 교육하였음은 당연한 일이었을 것이다.

3. 〈제2차 조선교육령〉 시기의 일본어 교육

1) 〈3·1 독립운동〉과 〈제2차 조선교육령〉

합병 후 일제는 조선총독부를 설치하고 무단 헌병정치로 조선민족을 강압하였다. 육군대신 출신이었던 초대 총독 데라우치에 이어 육군대장 하세가와 요시미치(長谷川好道)총독으로 계승된 무단통치는 조선인들의 반일감정을 고조시켰으며, 마침내 〈3·1독립운동〉이라는 예상치 못한 결과를 초래했다.

일제는 일제의 침략에 항거하는 의병과 애국계몽운동을 무자비하게 탄

압하고 강력한 무단정치를 펴나가는 한편, 민족고유문화의 말살, 경제적 침탈의 강화로 전체 조선민족의 생존에 심각한 위협을 가했다. 일제는 민족자본의 성장을 억제할 목적으로 〈회사령(會社令, 1910)〉을 실시함으로써 총독의 허가를 받아야만 회사를 설립할 수 있도록 제한하였고, 〈조선어업령(朝鮮漁業令)〉(1911), 〈조선광업령(朝鮮鑛業令)〉(1915) 등을 통해 조선에 있는 자원을 착출하였다. 또한 토지조사사업(土地調査事業, 1910~18)으로 농민의 경작지가 국유지로 편입됨에 따라 조상전래의 토지를 빼앗기고 빈농 또는 소작농으로 전락하기에 이르러, 극히 일부 지주층을 제외하고는 절박한 상황에 몰리게 되었다. 이렇듯 식민통치 10년 동안 자본가, 농민, 노동자 등 사회구성의 모든 계층이 식민통치의 피해를 직접적으로 체감하게 되면서 민중들의 정치, 사회의식이 급격히 높아져 갔다.

1918년 1월 미국의 월슨대통령이 전후처리를 위해 〈14개조 평화원칙〉을 발표하고 민족자결주의를 제창했는데, 같은 해 말 만주 지린에서 망명 독립 운동가들이 무오독립선언을 통하여 조선의 독립을 주장하였고, 이는 조선 재일유학생을 중심으로 한 〈2・8 독립선언〉으로 이어졌다. 여기에 고종의 독살설이 불거지면서 그것이 계기가 되어 지식인과 종교인들이 조선독립의 불길을 지피게 되자, 삽시간에 거족적인 항일민족운동으로 확대되었고, 일제의 무단정치에 대한 조선인의 분노 역시 더욱 높아져갔다.

고종황제의 인산(因山, 국장)이 3월 3일로 결정되자, 손병희를 대표로 한 천도교, 기독교, 불교 등 종교단체의 지도자로 구성된 민족대표 33인은 많은 사람들이 서울에 모일 것을 예측하고, 3월 1일 정오를 기하여 파고다 공원에 모여 〈독립선언서〉를 낭독한 후 인쇄물을 뿌리고 시위운동을 펴기로 하고, 각 지방에도 미리 조직을 짜고 독립선언서와 함께 운동의 방법과 날짜 등을 전달해두었다. 독립선언서와 일본정부에 대한 통고문, 그리고 미국대통령, 파리강화회의 대표들에게 보낼 의견서는 최남선이 기초하고,

제반 비용과 인쇄물은 천도교측이 맡아, 2월 27일 밤 보성인쇄소에서 2만 1천장을 인쇄하여, 은밀히 전국 주요도시에 배포했다. 그리고 손병희 외 33명의 민족대표는 3월 1일 오후 2시 정각 인사동의 태화관(泰和館)에 모였다. 한용운의 〈독립선언서〉 낭독이 끝나자, 이들은 모두 만세삼창을 부른 후 경찰에 통고하여 자진 체포당했다.

한편, 파고다 공원에는 5천여 명의 학생들이 모인 가운데 정재용(鄭在鎔)이 팔각정에 올라가 독립선언서를 낭독하고 만세를 부른 후 시위에 나섰다. 이들의 시위행렬에 수많은 시민들이 가담하였다. 다음날에는 전국 방방곡곡에서 독립만세와 시위운동이 전개되었다. 이에 조선총독부는 군대와 경찰을 동원하여 비무장한 군중에게 무자비한 공격을 가했다. 그로인해 유관순을 비롯한 수많은 사람들이 학살되거나 부상당하였으며 투옥되는 참사가 벌어졌고, 민족대표를 위시한 지도자 47명은 내란죄로 기소되었다.

〈3·1운동〉 이후 전국적으로 퍼져나간 시위운동 상황에 대한 일본 측 집계에 의하면, 집회회수 1,542회, 참가인원수 2,023,089명에 사망 7,509명, 부상 15,961명, 검거된 인원은 52,770명에 이르렀으며, 불탄 건물은 교회 47개소, 학교 2개교, 민가 715채에 달한 것으로 기록되고 있다. 이 거족적인 독립운동은 일제의 잔인한 탄압으로 많은 희생자를 낸 채 목표를 달성하지는 못했지만, 국내외적으로 우리 민족의 독립정신을 선명히 드러낸 바가 되어, 우리 근대민족주의 운동의 시발점이 되었다. 이는 아시아의 다른 식민지 및 반식민지의 민족운동 등에도 영향을 끼쳤는데, 특히 중국의 〈5·4 운동〉, 인도의 무저항 배영(排英)운동인 〈제1차 사타그라하운동〉, 이집트의 반영자주운동, 터키의 민족운동 등 아시아 및 중동지역의 민족운동을 촉진시킨 것으로 높이 평가되었다.

이처럼 3·1운동은 한국인들의 민족의식을 고취시키고 거국적인 독립운동을 촉진시켜 급기야 상해임시정부가 수립되는 성과를 얻게 되었으며,

대내적으로는 일제의 무단통치를 종결시키게 되는 계기가 되었다. 이후의 조선총독정치의 재편과 문화통치의 실시에는 당시 일본 수상이었던 하라 다카시(原敬)의 아이디어가 많이 작용했다. 하라는 한반도에서의 독립만 세운동 사건을 접한 후 조선통치방법에 변화의 필요성을 느끼고 조선총독 부 관제를 개정함과 동시에 새로운 인사 조치를 단행했다. 그리하여 하세 가와(長谷川)총독의 사표를 받고, 이어 제3대 총독으로 사이토 미나토(斎 藤實)를 임명하여 문화정치를 표방하면서 조선인의 감정을 무마하려고 하 였다. 새로 부임한 사이토는 1919년 9월 3일 새로운 시정방침에 대한 훈시 에서 "새로운 시정방침이 천황의 聖恩에 의한 것"이라고 전제하고 "內鮮人 으로 하여금 항상 동포애로 相接하며 공동협력 할 것이며, 특히 조선인들 은 심신을 연마하고 문화와 民力을 향상시키기를 바란다."[10]는 등 '내선융 화'적인 발언을 하였다. 이러한 정책의 일환으로 1919년 말에는 3面 1校 制[11]가 실시되었으며, 1920년에는 부분 개정된 교육령(칙령 제19호)을 제 시하여 '일시동인(一視同仁)'의 서막을 열었다.

그리고 '일시동인'의 취지에서 일본 본토의 교육제도를 기조로 교육령 개정에 착수하여, 1922년 2월 全文 32개조로 된 〈제2차 조선교육령〉을 발 포하였다.

〈제2차 조선교육령〉이 '일시동인'이나 '내지연장주의'의 취지에서 개정 된 만큼 교육제도에 있어 이전에 비해 완화된 부분이 추가되었다. 보통학 교 수업연한을 소학교와 동일하게 6년제로 연장하였으며, 종래에 저급하 게 짜였던 학교체계도 일부 수정하여 사범교육과 대학교육을 첨가하는 한 편 보통교육, 실업교육, 전문교육의 수업연한을 늘리기도 하였다.

---

10) 조선총독부(1921), 『朝鮮에 在한 新施政』, pp.54~56.
11) 3面 1校制: 1919년에 실시된 것으로 3개의 面에 하나의 학교 설립을 의미한다. 이후 1929년 1面 1교제를 실시하게 되어 면 지역을 중심으로 학교가 급증하게 된다. 윤병석(2004), 『3·1운동사』, 국학자료원, p.47.

그러나 동 법령 제3조에서 '국어(일본어)를 상용하는 자와 그렇지 않은 자'를 구별하였으며, 종래와 같이 일본인을 위한 '소학교'와 조선인을 위한 '보통학교'를 그대로 존속시킴으로써 실질적인 차별을 두었다. 뿐만 아니라 동 법령에서 제시한 보통학교 교육에 대한 취지나, 동 법령 제4조를 보면 교육목적이 이전과 다를 바 없다는 것을 알 수 있다.

> 보통교육은 국민된 자격을 양성하는 데 있어 특히 긴요한 바로서 이 점에 있어서는 법령의 경계에 의하여 변동이 생길 이유가 없음은 물론이다. 즉 고래의 양풍미속을 존중하고 순량한 인격의 도야를 도모하며 나아가서는 사회에 봉사하는 념(念)을 두텁게 하여… 미풍을 함양하는데 힘쓰고 또 國語(일본어)에 숙달케 하는데 중점을 두며 근로애호의 정신을 기르고 홍업치산의 지조를 공고히 하게 하는 것을 신교육의 요지로 한다.12)
>
> 보통학교는 아동의 신체적 발달에 유의하여, 이에 덕육을 실시하며, 생활에 필수한 보통의 지식 및 기능을 수여하여 국민으로서의 성격을 함양하고 國語를 습득시킬 것을 목적으로 한다.13)

"國語, 즉 일본어 습득"에 역점을 두어 동화를 도모하였으며, "생활에 필수한 보통의 지식과 기능"이라 명시함으로써 식민지 보통교육을 생활의 필요에 한정하였다. 무엇보다도 중요한 것은 "국민된 자격 양성", "국민으로서의 성격 함양"일 것이다. 이는 종전의 교육목적, 즉 '충량한 신민의 육성'과 상통하는 것으로, 충량한 신민을 양육하고자 하는 의도가 그대로 함축되어 있는 대목이라 하겠다.

---

12) 조선총독부(1922), 「관보」, 1922. 2. 6.
13) 〈제2차 조선교육령〉 제4조.

2) 교과목과 수업시수

〈제2차 조선교육령〉이 이전의 교육령에 비해 눈에 띄게 변화된 점이 있다면 바로 보통학교의 수업연한이 6년제로 바뀐 점이다. 조선총독부는 이 규정을 제5조에 두었는데, 그 조항을 살펴보면 "보통학교의 수업 연한은 6년으로 한다. 단 지역의 정황에 따라 5년 또는 4년으로 할 수 있다."[14]로 명시하여 지역 상황에 따른 수업연한의 유동성을 예시하였다. 이에 따른 교과목과 교육시수를 〈표 2〉로 정리하였다.

〈표 2〉 〈제2차 조선교육령〉에 의한 보통학교 교과목 및 주당 교수시수

학제	4년제 보통학교				5년제 보통학교					6년제 보통학교					
과목\학년	1	2	3	4	1	2	3	4	5	1	2	3	4	5	6
수신	1	1	1	1	1	1	1	1	1	1	1	1	1	1	1
국어	10	12	12	12	10	12	12	12	9	10	12	12	12	9	9
조선어	4	4	3	3	4	4	3	3	3	4	4	3	3	3	3
산술	5	5	6	6	5	5	6	6	4	5	5	6	6	4	4
일본역사									5					2	2
지리														2	2
이과				3				2	2				2	2	2
도화			1	1			1	1	2(남)1(여)				1	2(남)1(여)	2(남)1(여)
창가			1	1			1	1	1				1	1	1
체조	3	3	3(남)2(여)	3(남)2(여)	3	3	1	3(남)2(여)	3(남)2(여)	3	3	3	3(남)2(여)	3(남)2(여)	3(남)2(여)
재봉			2	2				2	3				2	3	3
수공															
계	23	25	27(남)28(여)	27(남)28(여)	23	25	27	29(남)31(여)	30(남)31(여)	23	25	27	29(남)30(여)	29(남)30(여)	29(남)30(여)

---

14) 〈제2차 조선교육령〉 제5조.

〈제2차 조선교육령〉 시행기는 기존의 '조선어 및 한문'이 '조선어'과목으로 되어 있으며, 수업시수가 이전에 비해 상당히 줄어든 반면, 國語(일본어)시간이 대폭 늘어났다. 주목되는 점은 '역사'와 '지리'과목을 별도로 신설하고 5, 6학년 과정에 배치하여 본격적으로 일본사와 일본지리를 교육하고자 하였음을 알 수 있다.

한편 4년제 보통학교의 경우 조선어 교과의 비중감소나 직업교과의 비중감소 등은 6년제와 유사하다. 그러나 5년제나 6년제와는 달리 역사, 지리 등의 교과가 개설되지 않았다는 점에서 이 시기의 4년제 보통학교는 '간이교육기관'의 성격을 띠고 있음을 알 수 있다.

또한 조선총독부는 지속적으로 〈보통학교규정〉을 개정하였는데, 개정된 보통학교 규정의 주요 항목들을 살펴보면, 1923년 7월 31일 〈조선총독부령 제100호〉로 개정된 〈보통학교규정〉에서는 4년제 보통학교의 학과목의 학년별 교수정도와 매주 교수시수표상의 산술 과목 제4학년 과정에 '주산가감'을 첨가하도록 하였다. 또한 1926년 2월 26일 〈조선총독부령 제19호〉의 〈보통학교규정〉에서는 보통학교의 교과목을 다음과 같이 부분적으로 개정하였는데, ①제7조 제3항(4년제 보통학교는 농업, 상업, 한문은 가할 수 없음) 중 농업, 상업을 삭제하고 ②"수의과목이나 선택과목으로 한문을 가하는 경우 제5학년, 제6학년에서 이를 가하고 이의 매주 교수시수는 전항의 예에 의하는 것"으로 하였다. 그리고 1927년 3월 31일자 〈조선총독부령 제22호〉의 〈보통학교규정〉에서는 보통학교 교과목 중 '일본역사' 과목의 과목명을 '국사'로 바꾸었다.

한편 〈제2차 조선교육령〉에 나타난 '교수상의 주의사항'을 〈1차 조선교육령〉기와 비교해 볼 때, 국어(일본어) 사용과 관련된 기존의 항목만이 삭제되고 나머지는 거의 유사하다. 이와 같이 일본어 사용에 대한 명시적인 강조가 사라진 것은 1919년 독립운동 후 조선의 전반적인 사회분위기를 고려한 것으로 추정된다.

3) 관공립 사범학교의 초등교원 양성과정

강점초기의 관립사범학교로는 관립경성사범학교를 들 수 있는데, 이 학교는 조선총독부 사범학교였던 경성사범학교가 개편된 것으로, 1부는 소학교 교원을, 2부는 보통학교 교원을 양성하도록 하였다. 또한 '보통과'와 '연습과'를 설치하여 '보통과'는 5년(여자는4년), '연습과'는 1년의 수업 연한을 두었다.

'보통과'는 12세 이상의 심상소학교나 6년제 보통학교 졸업자, 중학교 또는 고등보통학교 재학자, 12세 이상으로 국어, 산술, 일본역사, 지리, 이과에 대하여 심상소학교 졸업 정도로, 시험에 합격한 자에게 입학 기회가 주어졌다. '연습과'는 보통과 졸업자 외에 문부성 사범학교 규정에 의한 사범학교 본과 졸업자, 중학교 혹은 고등여학교 졸업자, 고등보통학교 혹은 여자고등보통학교 졸업자, 실업학교 졸업자, 전문학교 입학자, 검정시험 합격자, 사범학교 연습과 입학자격시험 합격자에 한해서 입학할 수 있었다. 졸업 후에는 각 과정 중의 혜택에 따라 의무 복무 기간을 이행해야 했는데, '보통과'와 '연습과'를 거친 관비졸업자는 7년을, 사비졸업자는 3년을 보통학교나 소학교에서 근무해야 했으며, 또 '연습과'만을 거친 관비졸업자에게는 2년, 사비졸업자는 1년의 의무 복무기간을 부여하였다.

이처럼 강점초기에는 관립이나 공립사범학교라는 독립된 교원양성기관을 설치하여 식민지 교육목적에 합당한 교원으로 양성하려 하는 한편, 사범학교 이외의 교원양성과정에 의하여 교원을 선발하기도 하였다. 이러한 점은 교원의 선발기준에서 다양성을 보여줌으로써 장점으로 작용하기도 하였으나, 교원의 수준 격차라는 문제성을 드러내기도 하였다.

1922년에 〈제2차 조선교육령〉이 공포된 이후 초등교원 양성에 관한 정책에도 변화가 일어난다. 조선총독부는 기존의 다양한 교원양성과정을 정리하고, 관공립사범학교를 위주로 하여 교원양성교육을 실시하도록 하였다.

공립사범학교는 1922년 〈제2차 조선교육령〉과 〈사범학교규정〉에 의해 1922년부터 1923년까지 12개 도에 공립특과사범학교 형태로 설치되었다. 공립사범학교의 특과에는 2년제 고등소학교 졸업자 또는 이와 동등 이상의 학력이 있는 자가 입학 할 수 있었다. 학년은 3학기로 나뉘어져 운영되었으며, 수업연한은 처음에는 2년이었다가 1924년부터 3년으로 연장되었다. 특과의 교과목으로는 수신, 교육, 국어, 역사, 지리, 수학, 이과, 도화, 수공, 음악, 체조, 농업, 조선어 및 한문이 부과되었다. 생도에게는 학자금과 기숙사가 제공되었는데 이러한 혜택은 복무 의무와도 연결되어 3년제 특과 관비 졸업자는 4년의 의무 복무 기간을, 2년제 관비 졸업자는 3년, 특과 사비 졸업자는 2년의 복무 기간을 이행해야 했다. 그럼에도 이러한 조치와는 별도로 관립중등학교에 부설했던 사범과를 1925년까지 계속 유지시켰는데, 이는 부족한 초등교원을 양산하기 위한 것이었음을 알 수 있다.

한편 교원의 직급과 그 자격시험에 관한 내용은 1911년 10월에 내려진 〈조선총독부령 제88호〉에 제시되어 있는데, 그 내용을 살펴보면 교원의 직급은 교장, 교감, 훈도, 부훈도, 대용교원, 강사로 되어 있다. 그리고 자격시험을 3종으로 나누어, 제1종은 소학교 및 보통학교의 훈도, 제2종은 보통학교 훈도, 제3종은 보통학교 부훈도에 임명함을 명시하고 있다. 이 때 제2종과 제3종 시험은 조선인만 치를 수 있었으며, 제3종 시험 교과목은 수신, 교육, 국어, 조선어 급 한문, 산술, 이과, 체조, 도화, 실업(여자의 경우 재봉 및 수예, 남자의 경우 농업, 상업 중 1과목)으로 하였다.[15)]

〈제2차 조선교육령〉 기간 동안은 교원자격시험에도 간간히 변화가 있었

---

15) 조선총독부(1911), 「관보」, 1911. 10.

는데, 1922년 4월 8일 〈조선총독부령 제58호〉에 의한 변화로는, 시험은 종전과 같이 3종으로 나누었고, 제1종 시험과목 및 그 정도는 남자에 있어서는 사범학교 남생도, 여자에 있어서는 사범학교 여생도에 관한 학과목 및 그 정도에 준하는 정도로 하였다. 또한 소학교 교원자격을 가진 자에게는 '영어' 및 '조선어' 과목을 부가하고, 보통학교 교원자격을 가진 자에게는 '영어'와 '농업' 혹은 '상업'과목을 부가하였다. 제2종 시험의 시험과목 및 그 정도는 남자에게는 사범학교 특과 남자생도에, 여자에게는 사범학교 특과 여생도에 부과한 학과목 및 그 정도에 준하도록 하였으며, 그 중 소학교 교원자격을 가진 자는 '조선어'와 '농업' 혹은 '상업'과목에서 선택하도록 하였다. 제3종 시험은 국어(일본어) 상용자로, 한국인에 한하여 치르도록 하였는데, 제3종 시험에 급제한 자에게 제2종 시험을 치를 수 있게 하고, 제2종 시험에 급제한 자에게는 제1종 시험을 치를 수 있는 자격을 주었다.[16]

　교원자격시험과 관련된 정책은 이듬해인 1923년에 다시 한 번 개정된다. 제1종 시험은 조선총독부에서, 제2종, 제3종 시험은 각 도에서 시행하도록 하였는데, 일본인 교원임용과 관련된 사항은 조선총독부에서 행하고, 한국인 교원임용과 관련된 사항은 각 도에서 행하도록 한 것이다.[17] 이러한 정책은 더 확장되어 1925년에는 제1종에서 제3종까지 모든 교원시험과 관련된 정책 권한을 각 도로 이양[18]하게 된다.

---

16) 김경자 외 공저(2005), 앞의 책, pp.185~186 참조.
17) 조선총독부(1923), 「관보」, 1923.4.18.
18) 조선총독부(1925), 「관보」, 1925.12.23.

4. 第二期『普通學敎國語讀本』의 표기 및 배열

第二期『普通學敎國語讀本』은 3·1운동 이후 문화정치를 표방하면서 일본 본토의 교육과 차별 없이 실시한다는 '일시동인'에 중점을 둔 일제의 식민지 교육정책에 의하여 1923년부터 1924년에 걸쳐 모두 8권이 편찬되게 된다. 이의 편찬을 담당한 사람은 당시 조선총독부 학무국 소속 교과서 편수관이었던 아시다 에노스케(芦田惠之助)였다. 일본 국정교과서 편찬에도 참여했던 아시다는 〈제2차 조선교육령〉의 취지에 입각하여 '내선융화(內鮮融和)'의 길을 다각적으로 모색하여 교과서에 반영하였기 때문에, 第二期 『普通學敎國語讀本』에는 그 실체가 구체적으로 제시되어 있다.

〈제2차 조선교육령〉의 가장 큰 변화는 '내지연장주의 교육'이라는 취지 아래 일본의 소학교와 동일한 학제를 유지하기 위하여 보통학교 학제를 6년제로 개편한 점이다. 그런데 학제개편에 따른 교과서 출판이 원활하지 못한 관계로 조선총독부에서 편찬한 교과서는 1~4학년용 8권만이 출판되었으며, 5~6학년 교과서는 급한 대로 문부성 발간『尋常小學國語讀本』을 그대로 가져와 사용하게 되었다. 이에 대한 출판사항은 〈표 3〉과 같다.

〈표 3〉第二期에 사용된 日本語敎科書의 출판사항

卷數	출판년도	사이즈		課	頁	정가	학년 학기
		縱	橫				
朝鮮總督府　第二期　『普通學校國語讀本』1923~1924년							
卷一	1923	22	15	27	58	13錢	1학년 1학기
卷二	1923	22	15	30	82	14錢	1학년 2학기
卷三	1923	22	15	30	96	15錢	2학년 1학기
卷四	1923	22	15	26	98	16錢	2학년 2학기
卷五	1923	22	15	26	106	17錢	3학년 1학기
卷六	1923	22	15	26	110	17錢	3학년 2학기

卷七	1924	22	15	26	110	18錢	4학년 1학기
卷八	1924	22	16	26	112	18錢	4학년 2학기
계				217	772		
文部省　第三期　『尋常小學國語讀本』 1922~1923년							
卷九	1922			25	123	非賣品	5학년 1학기
卷十	1922			27	134	非賣品	5학년 2학기
卷十一	1922			28	130	非賣品	6학년 1학기
卷十二	1923			27	138	非賣品	5학년 2학기
계				107	525		

〈표 3〉에서 알 수 있듯이 〈제2차 조선교육령〉시기에 교육된 '國語(일본어)'교과서는 조선총독부 발간 『普通學校國語讀本』이 1학년부터 4학년까지 8권으로 되어 있으며, 문부성 발간 『尋常小學國語讀本』은 5학년부터 6학년까지 4권으로 되어있다.

1911년에 제정된 〈普通學校施行規則〉에 의해 1913년부터는 신규편찬(新規編纂)의 교과서에 대해서는 자비구입이라는 원칙에 따라 第二期 『普通學校國語讀本』의 가격은 13錢~18錢으로 책정이 되어 있다. 이는 第一期 『普通學校國語讀本』이 각 6錢의 저가로 보급했던데 비해, 대한제국기 學部편찬 교과서의 가격(각 12錢)으로 회귀한 면을 보인다. 뿐만 아니라 第二期 『普通學校國語讀本』은 〈표 3〉과 같이 학년에 차등을 두어 지면의 양에 비례하여 실비로 공급한 듯한 인상을 풍긴다. 이러한 점은 문부성 발간 『尋常小學國語讀本』이 무상공급인 것과 상대적으로 대조를 이룬다.

第二期 『普通學校國語讀本』의 특징은, 第一期와 마찬가지로 띄어쓰기가 없는 일본어 표기에서 저학년(1, 2학년)용에 띄어쓰기가 채용된 점이다. 이 역시 모어(母語)를 달리하는 조선 아동이 처음 일본어로 된 교과서에 쉽게 접근할 수 있게 하기 위함이었을 것이다.

第二期 『普通學校國語讀本』은 그 구성면에서 第一期에 비해 유화적인

면을 엿볼 수 있다. 먼저 삽화를 보면 군복차림의 선생님을 제시하여 위압적인 분위기를 조장하였던 1기에 비해, 2기에서는 모두 말쑥한 양복차림으로 등장하여 한층 유화적인 분위기로 변화하였다. 또한 일장기의 등장 횟수도 1기의 10회였던 것에 비해, 2기에는 3회에 그치는 것으로 사뭇 변화된 모습을 보이고 있다. 그리고 당시 총독부 학무국의 "조선에서 조선인을 교육할 교과서는 조선이라는 무대를 배경으로 하여야 함이 당연하다."[19]는 편찬방침에 따라 조선의 민화와 전설, 그리고 조선의 衣食住를 들어 채택하였으며, 삽화의 배경에 있어서도 조선의 것이 채택되었는데, 예를 들면 한복, 초가지붕, 민속놀이, 갓을 쓴 선비, 조선의 장독대, 그리고 일반 민중이 주로 이용하는 5일장의 모습을 교과서에 수록함으로써 친근감을 유발하였다.

第二期 『普通學校國語讀本』에는 당시 식민지 교육정책이 그대로 반영되어 '일시동인'과 '내지연장주의'에 의한 동화정책을 꾀하는 한편 내부적으로는 실업교육을 강조하고 있었다. 때문에 '國語'교과서의 특성상 당연히 지배국의 언어교육에 중점을 두어 국체의 이식을 꾀하였으며, 여기에 국민으로서의 성격함양을 추구하는 내용을 여러 각도로 제시하여 동화교육을 실행해 나가는 한편, 실생활에 必修한 실용교육을 가정 및 사회생활 교육과 농업, 공업, 상업 등으로 연결되는 실업교육에 관련된 내용을 수록함으로써 이후의 물적자원 수탈을 위한 식민지 교육목적에 부합하는 국민양성에 힘썼음을 알 수 있다.

---

19) 조선총독부(1923), 『조선교육례개정에따른신교과용도서편찬방침』, p.17.

5. 보통학교 교과서와 교육상의 지침

1914년 일제가 제시한 보통학교 교과서 편찬의 일반방침은 앞서 제정, 선포되었던 「敎授上의 注意 幷 字句訂正表」의 지침을 반영하고 기본적으로 〈조선교육령〉과 〈보통학교규칙〉에 근거를 둔 것이었다. 이에 따라 교과서 기술에 있어서도 「朝鮮語及漢文」을 제외하고는 모두 일본어(國語)[20]로 통합하여 기술하였고, 1911년 8월에 조선총독부가 편찬한 『국어교수법』이나, 1917년에 주로 논의되었던 교육상의 교수지침에서도 '풍속교화를 통한 충량한 제국신민의 자질과 품성을 갖추게 하는 것임'을 명시하여 초등교육을 통하여 충량한 신민으로 교화시켜나가려 하였다.

1906년부터 조선어, 수신, 한문, 일본어 과목의 주당 수업시수를 비교해 놓은 〈표 4〉에서 알 수 있듯이, 수업시수는 1917년 일본어 10시간에, 조선어(한문) 5~6시간이었던 것이, 1938~1941년에는 수신 2시간, 일본어 9~12시간, 조선어 2~4시간으로 바뀌었으며, 이때의 조선어는 선택과목이었다. 그러다가 1941~1945년에는 조선어가 아예 누락되고 수신(국민도덕 포함) 및 일본어가 9~12시간으로 되어 있다. 이는 일본이 태평양전쟁을 전후하여 창씨개명과 징병제도를 실시하면서 민족말살정책을 점차 심화시켜 가는 과정으로 이해될 수 있다. 관련과목의 학년별, 과목별 주당 수업시수는 아래 〈표 4〉와 같다.

---

20) 일본어가 보급되기까지 사립학교 생도용으로 수신서, 농업서 등에 한하여 별도로 朝鮮譯書로 함

〈표 4〉 조선에서의 수신 · 조선어 · 한문 · 일본어의 주당 수업시수

학년	통감부(1907)				제1기(1911)			제2기(1922)			제3기(1929)			제4기(1938)			제5기(1941)
	수신	조선어	한문	일어	수신	국어(일어)	조선어 및 한문	수신	국어(일어)	조선어	수신	국어(일어)	조선어	수신	국어(일어)	조선어	국민과 (수신 / 국어)
제1학년	1	6	4	6	1	10	6	1	10	4	1	10	5	2	10	4	11
제2학년	1	6	4	6	1	10	6	1	12	4	1	12	5	2	12	3	12
제3학년	1	6	4	6	1	10	5	1	12	3	1	12	3	2	12	3	2 / 9
제4학년	1	6	4	6	1	10	5	1	12	3	1	12	3	2	12	2	2 / 8
제5학년								1	9	3	1	9	2	2	9	2	2 / 7
제6학년								1	9	3	1	9	2	2	9	2	2 / 7
합계	4	24	16	24	4	40	22	6	64	20	6	64	20	12	64	16	62

* 제1기(보통학교시행규칙, 1911. 10. 20), 제2기(보통학교시행규정, 1922. 2. 15), 제3기(보통
학교시행규정, 1929. 6. 20), 제4기(소학교시행규정, 1938. 3. 15), 제5기(국민학교시행규정,
1941. 3. 31)

초등학교에는 合科的 성격의 「國民科」, 「理數科」, 「體鍊科」, 「藝能科」,
「實業科」라는 5개의 교과가 있었는데, 그 중의 「國民科」는 修身, 國語, 國
史, 地理의 4과목으로 이루어져 있다. 國語, 國史, 地理의 合本的 텍스트로
「國民科」의 4분의 3을 입력한 교과서 『普通學校國語讀本』의 내용 역시
「修身」 교과서와 같이 품성의 도야, 국민성 함양을 목표로 하고 있다. 또한
「朝鮮語 及 漢文」 과목의 교재도 『普通學校國語讀本』과 마찬가지로 일본
천황의 신민에 합당한 국민성을 함양케 하는 데 치중하고 도덕을 가르치며
상식을 알게 할 것에 교수목표를 두고 있다.

朝鮮統監府 및 朝鮮總督府의 관리하에 편찬 발행하여 조선인에게 교육
했던 일본어 교과서를 '統監府期'와 '日帝强占期'로 대별하고, 다시 日帝强
占期'를 '1期에서 5期로 분류하여 '敎科書名, 編纂年度, 卷數, 初等學校名,
編纂處' 등을 〈표 5〉로 정리하였다.

〈표 5〉朝鮮統監府, 日帝强占期 朝鮮에서 사용한 日本語敎科書

區分	期數別 日本語敎科書 名稱			編纂年度 및 卷數	初等學校名	編纂處
統監府 期	普通學校學徒用 日語讀本			1907~1908 全8卷	普通學校	大韓帝國 學部
日帝强 占期	訂正 普通學校學徒用國語讀本			1911. 3. 15 全8卷	普通學校	朝鮮總督府
	一期	普通學校國語讀本		1912~1915 全8卷	普通學校	朝鮮總督府
		改正普通學校國語讀本		1918 全8卷		
	二期	普通學校國語讀本		1923~1924 全12卷	普通學校	(1~8)朝鮮總督府 (9~12)日本文部省
	三期	普通學校國語讀本		1930~1935 全12卷	普通學校	朝鮮總督府
		改正普通學校國語讀本		1937 全12卷		
	四期	初等國語讀本 小學國語讀本		1939~1941 全12卷	小學校	(1~6)朝鮮總督府 (7~12)日本文部省
	五期	ヨミカタ	1~2학년 4권	1942 1~4卷	國民學校	朝鮮總督府
		初等國語	3~6학년 8권	1942~1944 5~12卷		

第二期 『普通學校國語讀本』은 문화정치를 표방한 초등교육의 텍스트였지만 일제의 정치적 목적에 의해 편찬된 第一期 『普通學校國語讀本』과 크게 다르지 않은 초등교과서로, 조선인을 일제가 의도하는 천황의 신민으로 육성하는 것을 목표로 편찬된 초등학교용 교과서라 할 수 있을 것이다.

2016년 8월 9일

전남대학교 일어일문학과 교수 김순전

《朝鮮總督府編纂 第Ⅱ期 初等國語 編著 凡例》

1. 권1은 1학년 1학기, 권2는 1학년 2학기,.......
   권8은 4학년 2학기, 권12는 6학년 2학기로 한다.
2. 원본의 세로쓰기를 편의상 좌로 90도회전하여 가로
   쓰기로 한다.
3. 신출단어 및 자형비교의 상란은 좌란으로 한다.
4. 방점(傍點)은 상점(上點)으로, 방선(傍線)은 하선(下
   線)으로 표기한다.

朝鮮總督府編纂(1923～1924)

『普通學校國語讀本』

卷五

第3學年 1學期

普通學校

國語讀本

卷五

もくろく

一　朝會

徒 運動場 長 言 新	私の學校では、毎朝おけいこのはじまる前に朝會(ちょうかい)があります。生徒がみんな運動場にならびますと、先生方がお出でになります。 やがて校長先生がだんの上にお上りになって、ごあいさつをなさいます。此の時はほんとうにきれいな心持になります。 校長先生はいつでも、 「皆さん、今日の此の一日をたのしくくらしましょう。ゆかいにべんきょうし、ゆかいに遊びましょう。こうして一日たのしくくらすことの出來るのはこうふくなことです。」 とおっしゃいます。お言葉はいつもかわりませんが、私は毎日新しいことを聞くような氣がします。 私がいつかおじいさんに此のことを話しましたら、 「それは校長さんのお德(とく)が高いから、そういう心持になるのだ。お前はしあわせだ。」 とおっしゃいました。

二　朝鮮

島地少多山流

朝鮮(チョウセン)ハ大キナ半島デス。平地ガ少クテ、赤イ山ガ多ウゴザイマス。

一番高イ山ハ白頭(ハクトウ)山デ景色(ケシキ)ノヨイノハ金剛(コンゴウ)山デス。

白頭(ハクトウ)山カラ流レ出ル鴨緑江(オウリョクコウ)ト豆満江(ツマンコウ)ハ朝鮮(チョウセン)ト満洲(マンシウ)ノサカイヲシテイル大キナ河デス。此ノ外ニ大同江(ドウコウ)・漢江(カンコウ)・錦江(キンコウ)・洛(ラク)東江(コウ)ナドガアリマス。

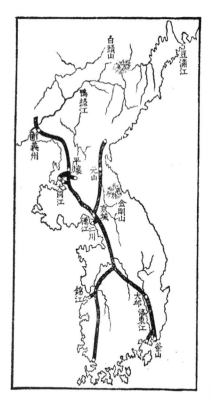

新 道通交 産物	京城(ケイジョウ)・仁川(ジンセン)・釜(フ)山・大邱(キウ)・元(ゲン)山・平壌(ジョウ)・新義州(ギシウ)ナドハニギヤカナ所デス。鐵(テツ)道ガ通ジテイテ、交通ガベンリデス。 朝鮮(チョウセン)ノ産物デ名高イノハ、米・ダイズ・ニンジン・モクザイ・メンタイ・サバ・イワシナドデス。

三　三姓穴

朝鮮(ちょうせん)の南の方に濟州(さいしう)島という大きな島があります。今ではたくさん人がすんでいますが、大昔は人も馬も牛も何もいませんでした。

其の頃の話です。ある日此の島に大きな穴が三つぱかりとあいて、三人の神様が其の穴から一人ずつ出て来ました。

神様方は高い山にのぼって、島を見わたしました。どちらを見ても人も馬も牛も見えません。あたりは大そうしずかでした。ただふもとの方の草木に海の風があたって、ごうっと音をたてているのが聞えるばかりでした。

「これから此の島に人や馬や牛をふやそう。」

神様方はこういって、たがいにうなずき合いました。

しかしそうするにはどうしたらよいか、神様にもわかりませんでした。それでしばらくの間、海べへ出てさかなをとってくらしていました。

ある日のことです。神様方がいつもの通り、海べに出ていますと、海の上を流れて来る物がありました。それは大きな木の箱でした。

合

通

引上げて、あけて見ると、

中からむらさきの着物を着た人が出て來ました。木の箱の中には又石の箱があって、中には青い着物を着た娘が三人おりました。子馬や子牛もいました。米や麥の種もありました。

神様方はおどろいて目を見はりました。すると、むらさきの着物の人は立上って、

「私は東の國から來たおつかいです。あなた方が此の島においでになると聞きましたから、此の若い女の方方のおともをしてまいりまし

娘
麥
種

立

若

助

作

者
相談

た。どうぞこれからごーしょに助け合って、此の島をさかえるようにして下さい。」

といいましたが、其のまま雲に乗って高く上って行きました。

そこで三人の神様は三人の娘と一しょになって、田や畠を作って種をまき、草をかって子馬や子牛をそだてました。

神様方はそれぞれ良乙那(りょうおつな)・高乙那(こうおつな)・夫乙那(ふおつな)という名をつけましたが、まだ王様と家來のくべつがありません。それで石に矢をいて、一番上手にいあてた者が王様になることにしようと相談しました。

ところが高乙那(こうおつな)が一番上手だったので王様になり、外の二人は其の家來になりました。

それから王様にも家來にも、子どもがたくさん生まれました。馬も牛もだんだんふえて行きました。又米や麥もよくみのりました。

済州(さいしう)島に行くと、今でも神様方が出て來たという穴があります。島の人人はこれを三姓穴(せいけつ)といっています。

四 春のわらい

春が来た、春が来た。
もぐらは土ほる。
もっく、もっく、もっく
てんとう様に見えぬよう、
麥の畠の土をほる。
上には農夫(のうふ)が山見てうたう。

春が来た、春が来た。
ありは小高いたんぽぽに、
えっさ、えっさ、えっさ。
てんとう様を見にのぼり、
こがねの塔(とう)にひとおどり。
上にはひばりが空見てうたう。

五　春

ゝ 分 町 煙 々 喜	あたゝかい風がそよそよと吹いています。 雪や氷はもう、とうにとけてしまいました。遠い山には、ほんのりとかすみがかゝり、小川はさゝ波をたてて、たのしそうに流れています。 やなぎやぽぷらの葉はもう大分大きくなりました。つばめが虫を追いながら、川の上をとびまわるのも間もないことでしょう。 今までどんよりと村や町をつゝんでいたおんどるの煙もきえて、もゝ・さくら・あんず・れんぎょうなどの花がまっさかりにさきました。人々は新しい着物を着て、喜ばしそうに外へ出て行きます。

野原	野原はもうせんをしいたように、みどりの草でおうわれ、すみれやたんぽゝの花が所々に美しい模様(もよう)をつけています。 麥も大分のびました。大根やなの花もさきました。ちょうちょうは花から花へとびまわり、はちはせっせとみつをあつめています。
晴 <u>其所</u> <u>此所</u>	空は晴れて太陽(たいよう)があたゝかくてらしています。ひばりが其所からも此所からもさえずりながら高く高く上って行きます。 林の方からいろいろな小鳥のうたが聞えて來ます。

六　乗合自動車

自

走

私は此の間、おとうさんと一しょに乗合自動車に乗りました。

ぶう、ぶう、ぶうと自動車は大きな音をたてながら、氣持よく走りました。

廣平植

停

畫

廣い平な道が山のすそをめぐり、たんぼを通って、長くのびています。道の兩がわに植えてあるぽぷらやあかしやの葉は、もうまっさおになっていました。自動車は川をわたり野原をよこぎって、ただ一さんに停車場の方へ向って走りました。

朝の十時頃自動車に乗ったのでしたが、お畫時分には、もう停車場に着きました。

里	「ずいぶん早いものですね。私たちの所から此所まで何里ぐらいあるのですか。」
	とおとうさんに聞きましたら、
	「十里あまりある。歩いたら、一日ではほねがおれる。」
	「自動車はべんりなものですね。」
路通	「そうだ。昔は道がわるかったが、今はりっぱな道路が出來て、大ていの所には乗合自動車が通っているから、りょこうをするにはべんりになった。」
	とおっしゃいました。

七　蠶

蠶(蚕)
桑
害虫
絲(糸)

斗

蠶ハモト桑ノ葉ヲクウ害虫デス。ソレヲカッ
テ、絲ヲ取ルヨウニ、クフウシタノハ人ノカデ
ス。

朝鮮(チョウセン)デハ昔カラ蠶ヲカイマシタガ、
大テイ床飼(トコガイ)デシタカラ、ワリ合ニ繭
(マユ)ノ取高ハ少ウゴザイマシタ。近頃ハ棚飼
(タナガイ)ニカイリョウシマシタカラ、オンドル
ノ一間半デ四五斗モ取レルヨウニナリマシタ。

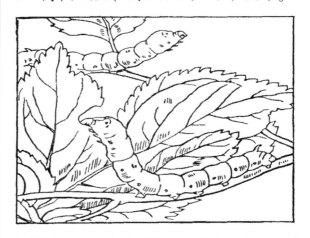

蠶

度

朝鮮(チョウセン)デハ蠶ヲカウ時分ニ晴レタ天氣
ガヨクツヅキマス。コレハ養(ヨウ)蠶ニハ大ソウ
ツゴウガヨロシウゴザイマス。又ドノ家ニモオ
ンドルガアリマスカラ、タヤスクオン度ヲトヽノ

世話 軒	エルコトガ出來マス。オン度ヲトヽノエルノハ蠶ヲカウニ大切ナコトデス。此の外、桑ノ霜(ソウ)害、蠶ノ虫害ナドモ少イノデ、養(ヨウ)蠶ニハヒジョウニベンリデス。朝鮮(チョウセン)ハ天然(ネン)ノ養(ヨウ)蠶地デス。 家ノ小サイノハ、フベンノヨウデスガ、カウ分量(リョウ)ガ少イタメニ、カエッテ世話ガヨク行キトドクリエキガアリマス。養(ヨウ)蠶ハ一軒ノ家デタクサンカウヨリモ、多クノ家デ少シズツカウ方ガケッカガヨイトイウコトデス。

八　春子さん

横

聲
ご

春子さんはおとなりのお嬢(じょう)さんです。年は六つで、それはそれはかわいらしい方です。色が白くて、ふっくりと太っていらっしゃいます。つやつやしている髪(かみ)を頭の横に一つゆって、小さなりぼんをかけていらっしゃいます。

春子さんはしょうかがおすきです。自分でもよくおうたいになります。聲はまるですゞをふるようです。

妹

妻

庭

私の一番下の妹と年がおなじで仲よしです。毎朝早くからうちへ遊びにいらっしゃって、まりをついたり、ま〽事をしたり、又時時おにごっこをしたりなどなさいます。私もお仲間入りをすることがありますが、何というかわい〽方だろうと思います。

春子さんがまりをおつきになる手つきは、何をなさる時よりもかわいらしうございます。其の手で妹の手を引いて、よくお庭を歩いていらっしゃいます。

私は春子さんがかわいくてかわいくてなりません。

九　仁徳天皇

仁徳(にんとく)天皇(のう)は難波(なにわ)にみやこをさだめて、天下をおおさめになりました。

ある日天皇(のう)が高い御殿(てん)にのぼって、四方を御らんになると、民の家から煙が上りません。これは近年五穀(こく)がよく出来なかったので、人民は御はんをたくにも、お米がないのであろうとおぼしめして、其の後三年の間、一切の租税(そぜい)をおゆるしになりました。

それから豊(ほう)年がつづきました。人民は皆ゆたかになりました。民の家々から立上る煙もさかんになりました。天皇(のう)はある日これを御らんになって、

「われはゆたかな身になった。」

と大そうお喜びになりました。

しかし御殿(てん)は其の間全く手入をなさいませんでしたから、あれそんじて、雨がもるほどになりました。人民は此のことをもれ聞いて、

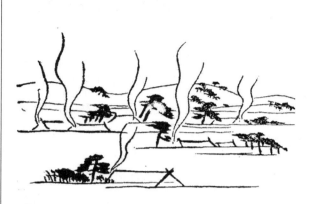

「まことにおそれおういことだ。たてかえをお
　ねがいしよう。」
と相談をまとめて天皇(のう)にねがい出ました。
けれどもおゆるしがありません。其の後もたび
たびねがって、それから三年目にようようおゆ
るしが出ました。

造
老

人民は喜ぶまいことか、自分の家を造るよう
に、老人も若者も、朝からばんまで一生けんめ
いにはたらいて、しばらくの間に、新しい御殿
(てん)が出來上りました。

御

新しい御殿(てん)に天皇(のう)のおうつりになっ
た御喜、又民の喜はどんなであったでしょう。

十　病氣

病	私は長い間病氣をして、學校を休みました。
	はじめの中は病氣に氣がつかなくて、ほうっておいたものですから、だんだんひどくなりました。
腹	少し横腹がいたいので、おいしゃ様にしんさつしてもらいますと、じんぞうがわるいとおっしゃいました。
同	おかあさんもずっと前からじんぞうがわるいのですから、私も同じ病氣になったのかとしんぱいしました。
食含	おいしゃ様が、「食事は一日に牛乳（ぎうにう）を五合とぱんより外の物は何もたべてはいけない。
歸	とおっしゃいました。おくすりをいたゞいて家へ歸りました。
晩	私はそれから毎日ねていました。早く病氣がなおればよいと思いました。半月ばかりたつと、ようやくおいものかゆはたべてもよいというおゆるしが出ました。朝と晩はぱんでお晝はおいものかゆをいたゞきました。私はずいぶんうれしうございました。
	ふだんは御はんをたべてもさほどにおいしいとは思いませんでしたが、長い間御はんをたべなか

涙	ったので、涙がこぼれるほどおいしうございました。四十日あまりは少しもしおけの物をたべなかったのです。 おかあさんが「私にもあのしんぼうは出来ません。ほんとうにかわいそうでした。」とおっしゃいました。 しんぼうしたかいがあって、ようようなおりました。おいしゃ様が「もう少しもわるい所はない。」とおっしゃいました。
樂	私は學校へ行くことばかりを樂しみにしていました。今日學校に來て、お友だちにあいました。私はこんなうれしいことはありません。

十一　へんなお客遊

文客	此の間、私の妹の花ちゃんと文ちゃんがお客遊をしていました。文ちゃんがお客になって来ました。
	「御めん下さい。」
	花ちゃんが出て行って、
	「どなた様でいらっしゃいますか。」
	「私でございます。」
顔	すると、花ちゃんはこわい顔をして、
	「私ではわかりません。」
考	というと、文ちゃんはあわてて、少し考えていましたが、
	「山田でございます。」
	といゝました。花ちゃんは
	「あゝ、山田さんでいらっしゃいますか。どうぞ、こちらへ。」
次	といって、文ちゃんを次の間に通しました。そうしてざぶとんを出しました。
	「どうぞ、おしき下さい。」
	というと、文ちゃんは
	「いゝえ」
	という。

「どうぞ。」

「いゝえ。」

「どうぞ。」

「いゝえ。」

いくらいっても、文ちゃんがしかないものですから、花ちゃんはおこって、

「おしきなさいといったらしくものです。」

という。文ちゃんは

「だってお客様ですもの、少しはえんりょするものよ。」

といって不平そうな顔をしました。花ちゃんはおこって、お客遊の道具をさっさとしまいました。文ちゃんもぶつぶついゝながら自分の道具をかたずけてしまいました。

不
具

十二　ふしぎ

卵
産

ふしぎだ、ほんとうにふしぎだ。蠶は桑の葉を
くってさなぎになり、さなぎは蛾(が)になり、蛾
(が)は卵を産んで死んでしまう。すると其の卵か
ら蠶が出て、又さなぎになり、蛾(が)になり、卵
を産む。一たい蠶と卵はどちらが先に出來たの
だろう。蠶が先か、卵が先か。私にはどう考え
てもわからない。

十三　親心

親	満洲(まんしう)熊岳城(ゆうがくじょう)の近くに望小(ぼうしょう)山という山高ぼうしのような山があります。
母 世 孝行	昔此の山のふもとに、母と子がさみしくくらしていました。其の子は世にもめずらしい孝行者で、何とかして母をあんらくにくらさせたいと、其のことばかり考えていました。

問 倍	そういう心がけのよい者ですから、學問も人一倍よく出來ました。そこで母のゆるしをえて、役人のしけんをうけることになりました。役人のしけんをうけるには山東に行かなければなりません。山東に行くには船に乗らなければなりません。
出發	よい道づれのあるのをさいわい、いよいよ出發することになりました。

「おかあさん、行ってまいります。るす中はず
　いぶんお氣をつけなさって。」
「お前も道中氣をつけて。」
と、たがいにわかれをおしみながらも、子は喜
び勇んで家を出ました。

其の後月日がたって、子の歸る頃になっても、
何のたよりもありません。母は心配しはじめま
した。それから毎日山にのぼって、海のかなた
をながめ、しらほを見ては、もしや我が子の船
ではないかと、たゞそればかり思いつづけてく
らしていました。

子のことばかり思いつづけて、母は髪（かみ）をゆ
うことも、着物を着かえることも忘れてしまい
ました。「かわいそうな人だ。子のために氣が
くるった。」と人々は大そう氣のどくがりまし
た。

子は渤海（ぼっかい）の大あれに船が沈んで、死ん
だのでした。母はそれを知らずに待ちこがれ
て、ふもとの家で死にました。村の人は此の母
のために、塔（とう）を山の上にたててとむらいま
した。つたえ聞く者は誰いうとなく、此の山を
望小（ぼうしょう）山と呼ぶようになりました。

勇

心配

我

忘

沈
知
待

誰
呼

十四　田植

今年

種類

苗

運

繩

使

おとうさんが此の間、出入の者にこんな話をしていらっしゃいました。

「今年の苗代(なわしろ)はよく出来た。此のぶんで行けば豊作(ほうさく)だろう。

ことに今年はよい種類をえらんで種をまいたから、植えつけには十分注意(ちうい)してもらいたい。ぬいた苗を運ぶにもなるたけいためないようにしてね、あぜからなげたりしてはいけない。

今年はぜんぶ正條(せいじょう)植にしたいと思う。苗を植えるに一々繩を引くなどはうるさいようであるが、それもたゞはじめの中だけで、なれて来れば目分量(りょう)でもくるわなくなる。正條(せいじょう)植にしないと、草取の時にきかいを使うことが出来ない。

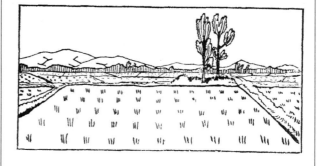

去 内 旅 株 苦労 祝	去年田植がすんだ後、内地を旅行して方々の青田を見たが、大ていりっぱな正條(せいじょう)植であった。 内地には一本植の所があった、二本・三本・四本ぐらいの所もあった。こちらはふつう七八本も植えるが、うすい株がよいか、あつい株がよいか、ためしてみなければならない。 もう四五日で田植がはじまるから、みんなも御苦労だが、年に一度の大切な時だから、一つせい出してはたらいてもらいたい。其のかわり田植がすんだら、ゆっくり休ませよう。にぎやかに祝もしよう。 其の中に一雨来たらしっかりたのむよ。」

十五 雨

降
表

此ノ頃ハ雨ガ降リツヅイテ、表デ遊ブ日ガアリマセン。コウ毎日降ル雨ハドウナッテシマウノデショウ。

低

カラカサニ降ル雨ガ四方ヘ流レオチルヨウニ、水ハ低イ方ヘ低イ方ヘト流レテ行キマス。庭ヘ降ル雨モ庭ノ高イ所カラ、低イ方ヘ流レテ行キマス。ハジメハ絲スジホドノ流デスガ、ソレガダンダンアツマッテ、ミゾニオチル頃ニハ、流モ早クナリ、水ノカサモ多クナリマス。

雨
流
支
池

雨水ノ流レル道ハ地圖(ズ)ニカイタ川ヲ見ルヨウデス。本流ガアリマス。支流ガアリマス。低クテ廣イ所ニタマルト、池ノヨウニナリ、高イ所ニ行キアタルト、其所ヲヨケテ流レマス。コウシテ流レル水ハミゾカラ小川ヘ、小川カラ大河ヘ、流レ流レテ海ヘ行キマス。

井戸

雨水ハタゞコウシテ流レルバカリデハアリマセン。地ノ中ニシミコンデ井戸水ヤ泉(イズミ)ノモトニナルノモアリ、目ニ見エナイ水蒸(ジョウ)氣ニナッテ、空ヘカエルノモアルソウデス。

十六　指

誰が一番えらいだろうと、
手の指たちがあらそった。
「みんなしずかにするがよい。
一番強くてえらいのは、
何といっても此のおれだ。
四人がかりでかゝって來ても、
おれ一人にはかなうまい。」
まず親指はこういった。

人さし指もまけぬ氣で、
「まめでたっしゃで、元氣よく、
どんな仕事にもせい出して、
はたらくものがえらいのだ。」
中指もまたえらそうに、
「一番長くてまん中に、
どっしりすわる此のおれが、
五本の指の王様だ。」

くすり指もまけずにいった。
「長い、大きい、はたらくだけで、

強

元

えらいと誰がいうものか。
金の指環(わ)をはめておく、
指はおれより外にない。」

笑

小指はだまって笑っていたが、
あとからしずかにこういった。
「わたしはけんかをしたくない、
みんなと仲よくならんでいて、
一しょに仕事をしたいのだ。
細 わたしは細くて小さいけれど、
それそうおうの役目もあろう。
わたしはそれをするだけだ。」

これを聞いた外の指は、
はずかしそうにしていたが、
口をそろえてこういった。
「なるほど小指のいう通り、
みんなそろっておとなしく、
自分の仕事にせいを出す、
そうするものがえらいのだ。」

十七　いちご

置面實

叔母

私は去年の春、いちごの苗をもらって来て、私の畠に植えて置きました。今年はいきおいよくのびて、畠一面にひろがりました。私は學校から歸ると、毎日行って見ますが、もう實がたくさんなっています。

あの實が大きくなって、色づくようになったら、どんなにうれしかろうと思います。きれいにじゅくしたら、お友だちにも上げましょう。叔母さんのうちにもお上げしましょう。

十八　人の力

寸 谷 尺	「貞童（ていどう）、松を植えて置くのは樂しみなものだね。あれ御らん。山の上の方に植えたのでも六七寸、谷に植えたのは一尺四五寸ものびている。」 「此のいきおいで十年ものびたら、よほどせいが高くなりますね。」
姿	「そうさ、其の頃には山の姿がかわるほどしげるよ。」 「おとうさん、うちの山の松はこんなにそろってのびているのに、となりの山の松はなぜあんなに、大きいのや小さいのがあるのですか。」
同 生	「木をすっかりきったのは、うちの山もとなりの山も同時だったが、うちの山はきるとすぐに苗木を植えたのに、となりの山は木の生えるまゝにすてて置いたからだ。すてて置けば、山はあれるし、木のそだちもわるいし、そろって大きくもならない。こうしてみると、人の力を加えたのと、加えないのとは大へんなちがいだ。」 「こちらの山の松のみどりは少ししかのびていませんね。」

枝	「あれはむやみに下枝をきったからさ。枝をきるのは、木のために大そうわるいことだ。」
	貞童(ていどう)は今まで何の考もなく山を見ていましたが、父の話を聞いて、人の力のとうということをさとりました。
	「おとうさん、村の人が力を合わせて、此のへんのはげ山に木を植えこんだら、十年の中には青くなりましょうね。」
	「なるとも、十年待つものかね。」
父	父は笑いながら、
	「貞童(ていどう)、木をきって山を赤くしたのも人の力だよ。赤い山を青くするのも人の力だよ。」
	といゝました。

十九　日記

曜 紙 表 木	六月十日　水曜　晴 　今日から日記をつけることにしました。半紙を二十枚ばかりとじて、帳(ちょう)面をつくりました。おとうさんが表紙に大きな字で「日記帳(ちょう)」と書いて下さいました。 六月十一日　木曜　晴 　書き方の時間に貞童君(ていどうくん)が「はくしょ。」と大きなくしゃみをしたので、みんなが笑いました。先生も笑いながら「かぜをひかないように氣をつけなさい。」とおっしゃいました。 六月十二日　金曜　晴後雨 　朝の間は晴れていましたが、お晝頃から雨になりました。けいこがすんでもやみません。仕方がないので、かけ足で家へかえりました。ぼうしも着物もすっかりぬれてしまいました。 六月十三日　土曜　晴 　學校から歸って、叔母さんの所へお使に行きました。

六月十四日　日曜　晴

　にいさんがやなぎの木に繩をつるして、ぶらんこをつくりました。私も乘せてもらいました。一度乘りそこなって、ころんで新しい着物をよごしてしまいました。家へ歸って、おかあさんにしかられました。晝からうらの廣場で、すもうがはじまりましたので、私も見に行きました。

六月十五日　月曜　曇

六月十六日　火曜　雨

　一番上のにいさんが東京から繪(え)葉書を送って下さいました。上野公園(こうえん)と淺草公園(こうえん)の繪(え)葉書でした。

月曇火　送淺

二十　黒こがね

桑

手入のよく行きとゞいた桑園(えん)のそばで、話をしている人があります。

「大そうりっぱな桑園(えん)になりましたね。」

「ありがとうございます。ようようのことで。」

「よく虫害をうけないで、これほどりっぱに仕立てることが出来ましたね。」

苦

「いや、黒こがねにはいく年苦しめられたか知れません。黒こがねは時々冬をこして、五六月頃芽の出たばかりの所を、手ひどく害することがありますからたまりません。」

芽

「私は七月に入ってのびきった葉を害するものとばかり思っていました。近年はもう此のへんにはいなくなったのですか。」

「どういたしまして。いくらでもいるのです。何といっても桑の強敵です。あのつやつやした桑の葉をひどくくって行くのですから、腹が

強敵

立ちますよ。」

「でも此の桑園(えん)は一枚の葉も其の害をうけ
　ていないではありませんか。」

「これには面白い話があります。此の桑園(えん)
　を作りはじめた頃には、黒こがねがあつまっ
　て来て仕方がありませんでした。私はこれを
　見つけると、ふるいおとしてころしました
　が、それぐらいなことではとうてい間に合い
　ません。

　私は其の頃ふと小さなさくらの木に黒こがね
　があつまっているのを見ましたから、桑園(え
　ん)のまわりにさくらの木を植えてみました。
　すると、其の翌年は黒こがねがさくらについ
　て、桑園(えん)の害は少くなりました。そこで
　私は家のまわりから山のすそへかけて、あき
　地にはすっかりさくらを植えこみました。あ
　の大きくなっているさくらがそれです。さく
　らがそだつにつれて、桑園(えん)黒こがねの害
　を全くうけなくなりました。

　すると、いつの間にか、此所はさくらの名所
　になりました。花のさかりには花見の人で大
　さわぎです。」

「今日は大そうけっこうなお話をうかゞいまし
　て、ありがとうございました。」

二十一　ふん水

水でっぽうはおす力で、水があんなにとぶのです。ふん水もどこかにおす力があって、あんなに高くふき上げているのだろうか。

私はふん水を見て歸ってから、いろいろ考えましたが、其のわけがわかりません。おとうさんに話しますと、五尺ばかりの細いごむのくだを出して下さいました。そうして「これ一本あればふん水のりくつはわかる。」とおっしゃいました。

<u>地</u> 他 吸	私は「ふん水は地面の中にくだがあって、其の中を水が通っているのだ。」と思いました。それでばけつに水をくんで来て、くだの一方を其の中に入れて、他の一方から吸ってみました。水が口にとゞいたので、何心なくそれを地面に置くと、水はくだを通って、いくらでも流れ出ました。しばらく見ている中に面白くなりました。 又ばけつに水をくんで来て、少し高い所に置いて、前のようにして吸ってみました。そうして口をはなしたら、くだの口から水が四五寸とび出しました。「あゝ、わかった。これだ。」と思わずさけびました。
<u>今</u>	次にばけつを一そう高い所にうつしました。今度は一尺ばかりもとび出しました。ごむのくだの先に穴の小さいがらすのくだをはめてみました。すると水はいきおいよくとび出して、二尺あまり上りました。いろいろばけつの場所をかえてみて、水のある場所が高ければ高いほど、くだの先からふき出す水は高く上るものだということがわかりました。
成功	そこへおとうさんがいらっしゃって、「成功、成功。」とおっしゃいました。

二十二　郵便函

辻 郵便 封書	私は町の辻に立っている郵便函(ばこ)であります。雨が降っても、風が吹いても、夜でも、晝でも、此所に立通しに立っていますが、葉書や封書などを入れる人の外は、私のからだにさわる者がありません。時々道を人にきいて來た者と見えて、「うん、郵便函(ばこ)といったのはこれだな。」とひとり言をいって行く者があります。

私の役目は、御承知の通り、皆様が私の口へお入れになる郵便物を大切にあずかっていて、これをあつめに來る人に渡すのであります。いかな日でも葉書の百枚や封書の三十通ぐらいは、私の口にはいらないことはありません。毎日かならず新聞を入れに來る方も四五人はあります。たまには雑誌(ざっし)や寫真(しゃしん)がはいることもあります。作物の種や商品の見本も入れてよいことになっていますが、私はまだそれをあずかったことはありません。

承知

渡

聞

作物
商品

<table>
<tr><td>

品<u>價</u>
刻

急
途

用

悲
泣

</td><td>

私の口にはいる物は、葉書の外はきっと切手が
はってあります。それも品と目方によって切手
の價がちがいます。

郵便物をあつめる人は、毎日きまった時刻に來
て、私のおなかを明けて持って行きます。其の
あつめに來る頃に、急ぎの封書を入れに來る者
が、途中で人と立話でもはじめると、私は氣が
もめてたまりません。もし間に合わないと、向
うへ大そうおくれて着くからです。

葉書には、大ていちょっとした用事が書いてあ
りますが、封書には、いろいろこみ入った事が
書いてあります。おめでたい事や樂しそうな事
が書いてありますと、私もうれしいと思います
が、悲しい事や苦しそうな事が書いてあります
と、もらい泣きをいたします。いつか大そう雨
の降る晩に、年取ったおじいさんが、遠方に居
るむすこの所へ出した封書や、かっけで足をは
らしている書生さんが、お友だちへ出した葉書
には、私もはらわたがちぎれるように思いまし
た。「それにはどんな事が書いてあったか。」
というおたずねが出るかも知れませんが、それ
は人にもらしてはならないことになっていま
す。

</td></tr>
</table>

二十三　手紙

差	貞童(ていどう)は先生から、手紙には思うことを其のまゝ書けばよいのだとおそわりました。それで旅行先から何度も先生に手紙を差上げました。
	○
前 浮 叔父 飲	私の来て居る所は元山の近くで、海はついそこに見えます。午前と午後に一度ずつ海にはいりますが、まだからだがよく浮きません。叔父さんが、「二三度しお水を飲まなくてはものにならぬ。」とおっしゃいますが、せいのたゝない所へ行くことは、私にはどうしても出来ません。
	頭を水につけて、ようよう少しおよげ出したばかりです。一生けんめいにれんしうしますから、一週間もたったら、いくらかおよげるようになりましょう。色は人なみにあかくやけて来ました。
週	
	○
今朝	先生、先生。今朝は面白いものを見ました。こればかりは先生にお見せしたいと思いました。
海岸	日の出ない中に、叔父さんと海岸に出ました。

そこには大ぜいの漁師(りょうし)が女や子ども
と一しょになって、綱引のような綱を海から
引上げているではありませんか。叔父さんに
「何でしょう。」といっても、「見ていたら
わかる。」といって教えては下さいません。

綱を引くかけ聲がだんだん早くなって来て、
綱の先の方に大きな綱のふくろが見え出しま
した。其の中にはさかながたくさんうようよ
していました。やがて綱は引上げられまし
た。いろいろなさかながはねまわっていま
す。かにがはさみをたててあわをふいていま
す。ふぐはおこったようにひどくふくれてい
ます。私ははじめてこれを見たので、うれし
くてたまりませんでした。

先生、これは地引というのだそうです。

二十四 四十雀

青いぼうしに　白いしゃつ、
　　どこから來たか、　四十雀(から)。
　　　ちんちんかららら　ちんからら。
あめ屋にしては　あめがない、
　　ぱん屋にしては　ぱん持たぬ。
　　　何を賣るのか、　四十雀(から)。
いえ、いえ、僕は　かるわざし、
　　旅から旅を　ひとりぼち。
　　　あしの細ぶえ　吹きさがら、
さかなにくゞる　くりの枝、
　　よこちょに渡る　つたのつる。
　　　ちんちんからら
　　　ちんからら。

賣
僕

旅

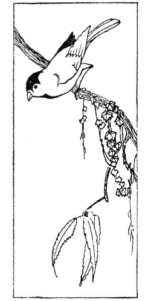

二十五　奈良

鹿
角

此の夏、内地を旅行して、ほんとうに面白いと思ったのは奈良(なら)でした。

停車場を出て、三条(じょう)通を東に行ったら南圓堂(なんえんどう)の前に出ました。其所の石だんの下に大きな牡(お)鹿がねていて、其の角に赤とんぼがとまっていました。私はあまり面白いので立ちどまりました。

都

神社

奈良(なら)は何を見てもおちついた所です。千何百年か前に都のあった所だそうですが、寺を見ても、山を見ても、すべて昔の事が思い出されます。

春日(かすが)神社に向って一二町行ったあたりから、大鹿小鹿がぞろぞろあつまって来ました。私ははじめはおそろしく思いましたが、だんだんなれてかわいくなりました。鹿のたべ物を賣

る女が「買ってやって下さい。」とうるさくついて来ました。私がそれを買いましたら、鹿は私の前へあつまって来て、身動きも出来なくなりました。おとうさんが、「早くいらっしゃい。」とお呼びになるけれども、どうして此のかわいゝ鹿をすてて行かれましょう。おとうさんがゆるして下さるなら、私は二日も三日もこうして、鹿と遊んでいたいと思いました。

私はしみじみ思いました。鹿は人の足音を聞いただけでもにげるものだが、此所の鹿がこうして人になれているのは、人が心から愛したからであろう。人と鹿の此のむつましい有様は奈良(なら)の都で一番美しいものだろうと思いました。

春日(かすが)神社・大佛(ぶつ)殿におまいりしてから、若草山にのぼりました。

愛

有

殿

二十六　かさゝぎの橋

七月七日天の川に橋をかけるのは、かさゝぎの
役目だといゝつたえられています。

昔或星の國に一人の美しいおひめ様がいまし
た。機(はた)をお織(お)りになることがお上手
で、其の織(お)られた布は、此の世で見ることの
出來ないほど美しいものでした。

父の王様は此のおひめ様を大そう御ちょう愛な
さいました。そこで或星の國の王子をおむこ様
としておむかえになりました。おひめ様は萬事
に氣をつけて、まめまめしく仕えられました
が、王子はよくない行ばかりなさいました。

王様はお腹立になって、天の川の北の岸から、
六箇(か)月かゝって行き着くほど遠い所へ王子を
お流しになりました。おひめ様にはつみはあり
ませんが、これも天の川の南の岸から、同じほ
ど遠い所にお流しになりました。

王様は、王子やおひめ様がにくゝてそうなされ
たのではありません。それで七月七日の日だけ
は、二人とも天の川のほとりに歸って來ること
をおゆるしになりました。

遠い遠い北と南に流されたおひめ様と王子は、
六箇(か)月の間悲しいさみしい旅をつずけられま

或

布

子
萬(万)

仕
行
岸

したが、其のおしまいの日には、二人は申し合わせたように、急いでもと來た道を引きかえしていらっしゃいました。お二人が天の川の南の岸と北の岸にお着きになったのは、ちょうど七月七日の明け方でした。天の川はまばゆく光りかがやいています。向うの岸にはおひめ様、こちらの岸には王子、お話をなさるにも川にへだてられて出來ません。此の川をどうかして渡りたいものだと、思いあまって、お二人の目から、涙があふれ出ました。

<table>
<tr><td>下界

獸</td><td>さあ、下界は大へんです。天ではお二人の涙ですが、おちてはたきのような雨です。家は流れる、木はたおれる、鳥も獸も皆一しょにおし流されそうでした。

そこでいろいろ相談の上、かさゝぎを天につかわすことになりました。</td></tr>
<tr><td>様子</td><td>かさゝぎは天の川に來て、王子とおひめ様の此の御様子を見ました。天上の此のおなげきが下界のあの悲しみであると知って、さっそく橋をかけてお渡し申すことにしました。そこで多くの仲間を呼びよせて、天の川の南の岸から北の岸まで、頭をそろえ羽を合わせて、美しい橋をかけました。お二人はこれを見て大そうお喜びになりました。王子はやがて其の橋をお渡りになりました。下界の雨もそれで晴れたと申します。

今も七月七日の朝の雨は王子とおひめ様がおあいになった喜の涙で、夜の雨はおわかれになる悲しみの涙だといゝつたえられています。

　　　　　　　　　おわり</td></tr>
</table>

大正十二年一月十三日印刷
大正十二年一月十五日發行
大正十二年五月二十五日翻刻印刷
大正十二年五月三十日翻刻發行

普國五

定價金十七錢

著作權所有

著作兼發行者　京城府元町三丁目一番地　朝鮮總督府

翻刻發行兼印刷者　京城府元町三丁目一番地　朝鮮書籍印刷株式會社　代表者　伊東猛雄

印刷所　京城府元町三丁目一番地　朝鮮書籍印刷株式會社

販賣所　京城府元町三丁目一番地　朝鮮書籍印刷株式會社

本書は朝鮮總督府著作教科書を複製したものです。

朝鮮總督府編纂(1923～1924)

『普通學校國語讀本』

卷六

第3學年　2學期

普通
學校

國語讀本

卷
六

もくろく

第一 秋の野

青くすみわたった空に、とびが一羽しずかに羽をのしています。もずの鳴き聲がすきとうって聞えます。

野も山もすっかり秋の色になりました。かしわやかえでの木で、赤く色づいた林の中から、涼しい風が吹いて來ます。

涼

紫のききょうの花、うす紅のなでしこの花、はぎ・おみなえしの花などが、其所にも此所にも咲いています。野菊はかわいらしい花をひらいているし、すゝきは白い穂(ほ)をそろえて、さやさやと音をたてています。

紫
紅
咲
菊

くずの葉のかげから、りすがひょっこり姿を見
せて、あわててかくれました。

虫の聲が一しきり聞えて來ます。

第二　眠っているりんご

眠

みどりの葉の間から、りんごがまっかな頬(ほう)を出して眠っています。子どもは上を見上げて、りんごにいゝました。

「りんごさん、下りていらっしゃい。もうお目ざめになってもいゝ時分ですよ。」

けれどもりんごはあたゝかいねどこの中に、すやすやと眠をつゞけていました。

お日様が雲から顔を出して、きらきらとてりつけました。

「おゝ、お日様、どうぞりんごの目をさましてやって下さい。」

と子どもはたのみました。お日様は

「おやすい御用です。」

といって、強い光をりんごの顔へまともに送りました。しかしりんごは目をさましません。

起	そこへ小鳥が来ました。 「おゝ、小鳥さん、どうぞりんごを起して下さい。」 「おやすい御用です。」
止	といって、小鳥は木の枝に止って、美しい聲でさえずりました。それでもりんごは眠っています。 今度は風が頰(ほう)をふくらまして木をゆすりました。さすがのりんごもこれにはおどろいたとみえて、あわてて木からとび下りました。そうして子どもの手の中へすっぽりとはいりました。子どもは喜んで、 「風さん、ほんとうにありがとうございました。」
禮(礼)	とあつくを禮をいゝました。

第三　日本

州 九 及 陸 斜 候 太 洋 鐵(鉄) 由 便利 風景 数 安	日本は本州・四國・九州・北海道・臺灣(たいわん)・樺太(からふと)の南部及び朝鮮(ちょうせん)から出來ている。 朝鮮(ちょうせん)がアジヤ大陸につずいている外は、日本はすべて島である。其の島々が、北は寒帶(かんたい)に近い所から南は熱帶(ねったい)まで、細長く斜にならんでいる。氣候は溫和(おんわ)な所が多い。 海はアジヤ大陸との間に、オホーツク海・日本海・黄(こう)海・東支那(な)海があり、アメリカ大陸との間に太平洋がある。 産物は水陸ともにゆたかである。陸には鐵道が網のように通じ、海には船のゆきゝが自由であるから、運輸(ゆ)・交通が便利である。 日本には風景のよい所が多い。其の中でも、富士(ふじ)山・金剛(こんごう)山は廣く世に知られている。 國民は其の數が七千萬もあって、皆安んじてはたらいている。

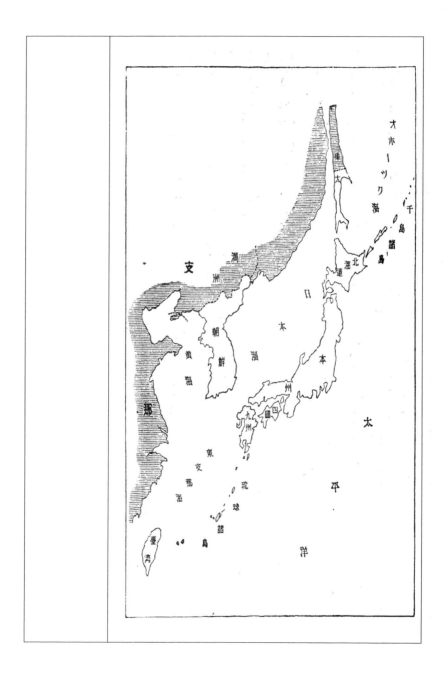

第四　ナゾ

棒	一　一ツノ口ハムスンデイテ、八ツノ口ガアイテイル字ハ何トイウ字デスカ。 二　女ガ子ヲオブッテイル字ハ何トイウ字デスカ。 三　子ガ土ヲ棒ニトウシテ、頭ニノセテイル字ハ何トイウ字デスカ。 四　一尺一寸ノ家ハ何トイウ字デスカ。 五　十月十日ニ書イタ字ハ何トイウ字デスカ。 六　九十九ハ何トイウ字デスカ。 七　此ノ糸ハ何色デスカ。

第五　昔脱解

新羅(しらぎ)の王に昔脱解(せきだっかい)と申す方がありました。

王の父は多婆那(たばな)國の王でしたが、脱解(だっかい)ガ七年の間母の胎内に居て、大きな卵でうまれましたから、「不吉だ。海にすてよ。」ときびしく命じました。母は泣く泣く其の卵をきぬにつゝんで、たから物と一しょにきれいな箱に入れて、海に流しました。

胎

吉

命

育<u>魚</u><u>親</u>

志

程召

位城

箱は流れ流れて金官(きんかん)國に着きました。此の國では其のまゝにすてておきました。箱は又流れ流れて新羅(しらぎ)の國に着きました。

一人のおばあさんがこれを見つけて引上げて見ますと、箱の中には玉のような男の子が居ました。おばあさんは大そう喜んで、自分の子にして育てました。

脱解(だっかい)はだんだん大きくなりました。魚をとることが上手で、毎日海へ出てはたらきました。そうして親切におばあさんをやしないました。或日おばあさんは脱解(だっかい)を呼んで、いろいろ脱解(だっかい)の身の上を話しました。そうして、「今から學問に志してりっぱな人になれ。」と教えました。

其の後脱解(だっかい)は一心に學問をはげみましたので、程なく人に知られて來ました。そこで國王は脱解(だっかい)をお召しになって、まつりごとの御相談をなさいました。

脱解(だっかい)は六十二歳(さい)で王位をつぎました。今の月城は此の王様ガおすまいになった所だと申します。

第六　石工

工

かっちんかっちん石をきる。
めがねをかけて、石をきる。
目もとをすえて、石をきる。
汗をながして、石をきる。

　かっちんかっちん
　　　　石をきる。
　石よりかたい
　　　のみのさき。
　のみより強い

うでさきで、
かっちんかっちん
石をきる。

かっちんかっちん、日がくれて、
火花が見える、のみのさき。
のみの手もとは暗くても、
かっちんかっちん石をきる。

暗

第七　虎狩

<table>
<tr><td>

京
赤

政
虎
實

決

餘
狩

達

</td><td>

　或年京城で日本赤十字社朝鮮(ちょうせん)本部の
總會(そうかい)がひらかれました。總裁閑院宮
(そうさいかんいんのみや)殿下はこれにおのぞみ
になって、其のお歸りに慶(けい)州を御らんにな
ることになりました。

　此の時の事です。九政里の駐在(ちうざい)所に、
「今朝大徳(とく)山で、私の子が虎のために大き
ずをうけました。」と申し出た者がありまし
た。三宅巡査(みやけじゅんさ)は其の事實をたし
かめて、「一刻も早く御道すじのきけんをのぞ
かなければならない。」と決心しました。

　いろいろ手筈(はず)をさだめて、其の日の午後百
餘名の勢(せ)子は大徳(とく)山のふもとから狩り
たてました。五名の射(い)手は山の上に持ち場を
きめて、待ちかまえていました。勢(せ)子が山腹
(ぶく)に達した時、一發の銃聲(じうせい)がひゞ
きました。

　虎は山をかけのぼり、射(い)手の間をくゞって山
の向うへかけ下りて行きます。三宅巡査(みやけ
じゅんさ)は銃(じう)をとりなおしてねらいまし
たが、虎が早くてねらいがつきません。

</td></tr>
</table>

折
倒

牙

柄

皮
念

虎は谷をこえて向うの小山をのぼりはじめたので、三宅巡査(みやけじゅんさ)はこゝぞと一發うちました。たちまち虎は前足を折って、頭を地にすりつけて倒れました。命中したのです。かけつけて見ると、たまはくびもとから口の中にぬけて、右の牙を折っていました。

夕方駐在(ちうざい)所に引上げました。あつまった人人が口々に三宅巡査(みやけじゅんさ)の手柄をほめますと、巡査(じゅんさ)は「私はどこをどうねらって、いつ引金を引いたか、全くおぼえがありません。たゞ宮(みや)殿下がお出でになるという今日、これを射(い)そんじては申譯(わけ)がないとばかり思っていました。」と話しました。

此の虎の皮は宮(みや)殿下へ記念として献(けん)上したということです。

第八　こすもす日記

以	七月一日
	四月のはじめにこすもすの種をまいて、今までのびるまゝにすてておきました。たけが四尺から五尺になりました。もうこれ以上のばさないで、枝をたくさん出させるために、しんをつみました。
節	七月十日
	こすもすはしんをつまれたので、下の方の節々から小枝を出しました。
起	私はこすもすを何本も根から倒して、起き上らないように石をのせて、かるく土をかけました。今日は雨あがりなので、土がやわらかでうまく出來ました。
昨夜	七月十一日
別	こすもすの小枝は皆昨夜の中に起き上って、まっすぐに立っていました。小枝は別々の株のように見えました。
	七月三十一日
埋	小枝のしんもつみました。地中に埋めたくきからは、たくさん根が出ました。
	八月中
	小枝から又小枝が數本出て、それがいきおい

よくのびましたが、たけは四尺ぐらいでとまりました。

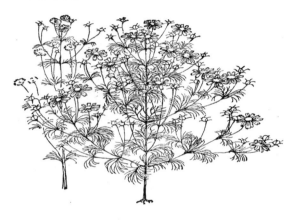

九月十五日

つぼみがはじめて見つかりました。

九月二十八日

白と赤とが一つずつ咲きました。きょうそうするつもりでしょうか。

十月三日

数えきれない程たくさん咲きました。私はたんせいしたかいがあったと思いました。

十月十五日

今がまっさかりです。風が咲くと、風のままになびいて少しもみだれません。ほんとうに見事です。

数

第九 みかんや

或辻にみかんやが荷をおろしました。

そこへ五つばかりの男の子が来て、にぎっていた一錢銅貨を渡しました。みかんやが一番小さいのを一つ渡しますと、子どもは

「小さいのはいやだ。そちらの大きいのがほしい。」

といゝました。みかんやは

「大きいのはねが高い。それを持ってお歸りなさい。」

といって、相手にしませんでした。子どもは泣き出しました。

荷

錢
銅貨

相

そこへ子どもの兄が来て、

「泣くものではありません。今度お金をたくさ
　ん持って来て、大きいのを買いましょう。」

といってなだめました。

みかんやは「みかんやみかん。」と聲をはりあ
げて、又歩き出しました。

第十　弓流し

屋島の合戦に、義經(よしつね)が小わきにはさんでいた弓を海へ落しました。

弓は潮(しお)に引かれて流れて行きます。義經(よしつね)は馬の上にうつぶしになって、むちのさきでそれをかきよせようとします。敵は船の中から、熊手(くまで)を出して、義經(よしつね)のかぶとに引っかけようとします。源氏の者どもは義經(よしつね)をかばいながら、

「捨てておしまいなさい。」

「お捨てなさい。」

と口々に言います。それでも義經(よしつね)は、太刀(たち)で熊手(くまで)をふせぎふせぎ、とうとう弓を拾い上げました。

金代

惜

弱

何時戰勝

陸へ上った時、家來が

「たとい金銀で作った弓でも、御命には代えら
　れませぬ。」

と申しますと、義經(よしつね)は笑って、

「いやいや、弓が惜しかったのではない。叔父
　為朝(ためとも)の弓のような強い弓なら、わざ
　と敵にやってもよいが、此の弱い弓を取られ
　て、『これが義經(よしつね)の弓だ。』などと言
　われては、源氏の名折れになるからだ。」

と言ったと申します。義經(よしつね)に此の名を
惜しむ心があったので、何時の戰にも勝ったの
でございましょう。

第十一　古イ瓦

珍
古
瓦

オトウサンガ、此ノ頃旅行カラオ歸リニナリマ
シタ。イロイロ珍シイモノヲ持ッテイラッ
シャッタ中ニ、古イ瓦ノカケガ一ツアリマシ
タ。オトウサンガナゼコレヲオ持チ歸リニナッ
タカ、私ニハワカリマセン。

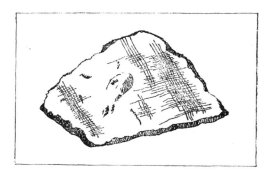

「オトウサン、コレハ何デスカ。」

「瓦ノカケサ。」

「ソレハワカッテイマスガ、ドウナサッタノデ
　スカ。」

「扶餘(フヨ)デ拾ッテ來タノダ。」

「何ニナサルノデスカ。」

「何ニスルカアテテ御ラン。」

私ハイロイロ考エテミマシタガ、ドウシテモワ
カリマセン。オトウサンガ

代 急	「布目ノツイテイル方ニ、親指ノアトガアルダロウ。」 トオッシャイマシタカラ、ヨク見ルト、指ノアトガアリマシタ。オトウサンハ 「扶餘(フヨ)ハ百濟(クダラ)ノ都ノアッタ所ダカラ、此ノ瓦モ其ノ時代ノモノカモ知レナイ。私ハ其ノ指ノアトヲ見テ、急ニ昔ノ人ガナツカシクナッタカラ、拾ッテ來タノダ。」 トオッシャイマシタ。ソウシテ其ノ指ノアトニ、オトウサンノ指ヲアテテオ持チニナリマシタ。 「コウシテ御ラン。」 トオッシャッタカラ、私ハ其ノ通リニシテ持ツト 「昔ノ人ノ手ニサワルヨウナ心持ガスルダロウ。」 トオッシャイマシタ。

第十二　弟のたいそう

進	六つになる弟は毎日學校のたいそうを見に行きます。そうして歸って來ては、其のまねをします。 「前へ進め。」といっては、兩手をふっていきおいよく歩きます。「ぜんたい止れ。」といっては、くるっと後を向いて止るとすぐ手をあげます。 私が「手をあげるのではありません。」といってもきゝません。「止れというのになぜ手をあげるのです。」というと、「學校の生徒が皆こうするから。」といってきゝません。
霜 坊	「手を横にあげ—あげ。」といっては、霜やけでまんまるくなった手を横にあげます。「一二。」「一二。」と呼唱(こしょう)をつずけていく中に、横ばかりではなくて、上にあげたり前にあげたりします。「坊やのはめちゃめちゃだね。」というと、「學校の生徒は皆こうする。」といってすましものです。
理	「足ぶみ進め。」といっては「前へ進め。」と同じように歩いて行きます。私が「足ぶみではありませんか。」というと、「それでも進めだもの。」と理くつをいゝます。

弟は自分一人で見て歸っては、一生けんめいに
けいこをしています。弟のたいそうには誰でも
笑わされます。

第十三 京都

都寒丸 餘並正 條

冬休に叔父さんと内地を旅行しました。京都に着いた朝は霜が白くて寒うございました。停車場を出て烏丸通を北へ歩きました。

私は千年餘りも都であった京都をこうして歩くのが、何となく面白うございました。町並が正しく區劃(くかく)されて、東西の通りに六條・五條・四(し)條・三條などという名がありました。

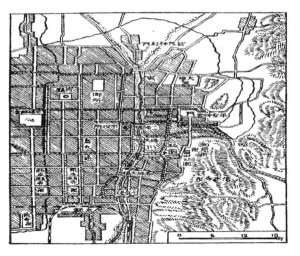

皇居御 朝鮮

一時間餘り歩いて御所の横に出ました。此所が昔の皇居だと聞いて、私はとうとく思いました。御苑(えん)内をぬけて賀茂(かも)川ばたに出ました。川風は寒うございましたが、きれいな水がこおらずに流れているのお見て、内地は朝鮮よ

りもずっとあたゝかだと思いました。

賀茂(かも)川の東で女が大ぜい、荷物を頭にのせ
て行くのを見ました。此の女たちは手拭をかぶ
り、たすきをかけ、廣い前かけをしていまし
た。

叔父さんは

「あの女を見ると、朝
鮮のことを思い出すだ
ろう。あの風俗は朝鮮
からつたわったのかも
知れない。夏の朝きれ
いな草花を箕(み)に入
れて頭にのせた田舎
(いなか)娘が花を売っ
て歩くさまはちょうど
繪のようだ。」

とおっしゃいました。

東山まわりの電車を祇園(ぎおん)で下りて、圓
(まる)山公園から青水(きよみず)寺に上りまし
た。此所からは京都がほとんど一目に見えま
す。東・西本願(がん)寺・二條離宮(りきう)などの
大きな建物がことに目立っていました。

拭

俗

繪

電
公園
寺

建

第十四　萬壽

別 父母 貧乏	昔或所に萬壽(じゅ)というかわいそうな子がありました。父母に早く死に別れ家が貧乏でしたので、小さい時分からよその家にやとわれて、ちげをしょったり、水をくんだりしてくらしていました。
主	萬壽(じゅ)はすなおな子でしたが、其の主人は少しも思いやりのない人で、萬壽(じゅ)を朝から晩まで追い使って、其の上小言ばかりいっていました。それでも萬壽(じゅ)はよくしんぼうして、いつも元氣よくはたらきました。
迎 元	そうしている中に、萬壽(じゅ)は十三の春を迎えることになりました。正月の元日といえば、一年中で一番おめでたい日です。みんなきれいな着物を着て、樂しそうに遊んでいます。ところが萬壽(じゅ)はいつもの通りぼろを着たまゝ、山へ薪を取りに行かなければなりませんでした。
薪 息	山の上には雪が一面につもっています。ふもとからは、寒い風が吹き上げて來ます。其のあたりには誰も仕事をしている者はありません。萬壽(じゅ)は悲しくなりました。しかし又すぐ氣をとりなおして、かじけた手に息を吹きかけながら、せっせと薪を取りはじめました。

四

其の時、後の方でがさがさと大きな音がしました。ふりかえって見ると、一匹の鹿がこちらを目がけて一さんにかけて来ます。鹿は萬壽(じゅ)を見てたのみました。

「どうぞ私をかくして下さい。りょうしが追いかけて来ますから。」

そこで、萬壽(じゅ)は手早く鹿を岩のかげにかくしました。そこへりょうしが来ましたが、鹿が居ないので、急いでほかの方へ行きました。鹿は岩のかげから出て来て、

「ありがとうございました。お禮に差上げたい物がありますから、私と一しょにお出で下さい。」

といゝました。萬壽(じゅ)は鹿のいうまゝに其の後について行きますと、高い岩にかこまれた谷の底のような所へ出ました。其所には一むらの

底

消

重

草がおいしげっていました。鹿は萬壽(じゅ)に向って、

「此の草を持って、お歸りなさい。きっとよいことがあります。」

といったかと思うと、其の姿は消えてしまいました。

萬壽(じゅ)はふしぎに思いながら、其の草を少しばかり取って山を下りました。ところが歩いている中に、草はだんだん重くなって来ました。見ると何時の間にか人蔘(じん)にかわっていたのです。

萬壽(じゅ)はそれを賣って、大そうお金をもうけました。それからも時々、其の草を取って來て賣りましたので、とうとう大金持になったということです。

第十五　元日

今朝は早く目がさめた。

おとうさんが井戸ばたへ若水を汲みにいらっしゃったので、僕も後からついて行った輪(わ)かざりにつららがたくさん下っていてきれいだった。はき清めた庭に霜がまっ白におりていた。妹の花子が羽子板をかゝえて來たので、二人で追羽根をして遊んだ。羽根がそれて門の屋根の上にとまったのには困った。

汲

清

門

座 始 式	其の中におかあさんがお呼びになったのでお座しきに行った。みんな新しい着物を着て、ぎょうぎよくお雑煮（ぞうに）をいただいた。おとうさんやおかあさんのお顔が、お屠蘇（とそ）をめしあがったので、ほんのり赤くなった。 間もなくおとうさんはお年始まわりに出て行かれた。僕も學校の式に行った。

第十六　磁石

磁<u>石</u>

釘
鉢

<u>手</u>

果
返
殘

町ノ叔父サンカラ、
オ年玉ニ大キナ磁石
ヲイタヾイタ。鐵ヲ
引クカガ強イ。昨日
ニイサンガ釘箱ヲ火
鉢ノフチニ置イテ手
エヲシテイタ時、弟
ガ釘箱ヲ火鉢ノ中ヘ
ヒックリカエシテ、
手ヲ灰ダラケニシテ
拾イハジメタ。僕ハ
「待テ、待テ。」ト
イッテ、磁石ヲ持ッ
テ來タ。ソウシテ灰
ノ中ヲカキマワシ
テ、上ゲテ見ルト、
果シテ磁石ノサキニ
釘ガタクサンツイテイタ。二三返クリカエシタ
ラ、釘ハ殘ラズ取レテ、其ノ上折レタ針ヤ、サ
ビタ針金マデツイテ來タ。

第十七　八代村の鶴

約高田家

八代(やしろ)村は山陽線(ようせん)の島田驛(えき)から約三里の所にあります。海抜(ばつ)千三百尺の高地で、四方は低い松山にかこまれています。其の盆(ぼん)地に水田が四百町ばかりひらけていて、四百の人家が山にそってたっています。此の八代(やしろ)村は鶴(つる)の渡(と)来地として、近年名高くなった所です。

私が八代(やしろ)の鶴(つる)を見にまいりましたのは、昨年の冬でした。朝早く田の中の道を散歩しましたら、なべ鶴(づる)が此所に五羽、其所に七羽むらがっていました。

私は又左手のやゝ小高い田の中に、なべ鶴(づる)の大群を見つけました。三十四五羽餌(え)を拾っていました。そこへ荷馬車が来ましたが、鶴(つる)は見向きもしません。村の

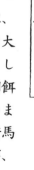

散歩

群

馬

峯 滿洲 連	人が五六人聲高(こわだか)に話しながら通りましたが、鶴(つる)は平氣で餌(え)を拾っています。自轉(てん)車がかけぬけた時、二三羽の鶴(つる)が頭をあげたばかりでした、八代(やしろ)の鶴(つる)は少しも人をおそれません。 鶴(つる)は時々數十羽むれをつくって、鳴きながらとびたちます。そうして峯より高く又低く空に輪(わ)をえがいてとびまわります。私はこんなにたくさん鶴(つる)のとぶのを見たのははじめてでした。 又小さい田に三羽の鶴(つる)の居るのを見ました。二羽は大きい鶴(つる)でしたが、一羽は小さくてまだ羽の色が茶色がかっていました。親と子とでしょう。八代(やしろ)の鶴(つる)はシベリヤ・蒙古(もうこ)・滿洲から朝鮮を通って、日本海をこえて來るのだそうですが、あのかよわい子を連れて、長い旅をつずけた親の苦勞はどんなであったでしょう。 村の人が「此の頃八代(やしろ)に來ている鶴(つる)は八十羽ばかりです。」といっていました。私は海山こえて、はるばる八代(やしろ)をしたって來る鶴(つる)をかわいく思いました。そうして八代(やしろ)の人々が氣をつけて鶴(つる)を保護(ほご)する美しい心をとうとく思いました。

第十八　手紙

先生はせんだって東京へおのぼりになりました。一月ばかりあちらにいらっしゃるということです。此の頃はどんなにおくらしでしょう。

○

先生がおたちになりましてから、こちらは寒い日がつづきました。いつも學校で皆さんと、「先生はお寒くはないかしら。」などとお案じ申しています。先生、おかわりはございませんか。

三年生は先生がおたちになりましてから、まだ一人もけつ席を致しません。ちこくする者もありません。讀(よ)み方や算術(さんじゅつ)は先生のおいゝつけ通り自習をしています。みんな一生けんめいです。時々陳先生のお話を聞いたり、四年生と一しょにたいそうをしたりしています。

私どもは先生のお歸りの日を指折り數えて待っています。おみやげのお話をたくさんおねがい申します。おからだをお大事になさいませ。

　　　　　　二月一日　　　　　　　玉順
　　　崔(さい)先生

案

席致

習陳

玉順

届 安 小	一週間ばかりたつと、先生からの御返事が届きました。 〇 御手紙ありがとうございました。こちらは寒いといっても、大したことはありません。私はかぜ一つひかず、日々學校を見たり、講演(こうえん)をきいたりしていますから御安心下さい。 私は東京の小學兒童(じとう)が、かっぱつに遊んでいるのにかん心しました。皆さんにお話したいこともたくさんあります。 東京に來てからまだ半月にしかなりませんが、餘程月日がたったように思います。時々早く歸って、皆さんと遊びたいと思うことがあります。十七八日頃には歸るつもりです。皆さんによろしく。 　　　　　二月四日　　　　　　崔(さい) 　　玉順様 私は此の御返事をいただいて、どんなに喜んだかしれません。あくる日學校に持って行って、皆さんに見せました。

第十九　紀元節

二月十一日ハ紀元節デス。此ノ日ハ神武(ジンム)天皇ガ國中ノワル者ドモヲオシズメニナッテ、天皇ノ御位ニオツキニナッタ日ニアタリマス。

神武(ジンム)天皇ハハジメ日向(ヒウガ)ノ國ニイラッシャイマシタガ、東ノ方ノ國々ガマダヨクオサマッテイナイコトヲオ聞キニナッテ、御一族ト舟ニメシテ御セイバツニオ出カケニナリマシタ。

九州カラ海岸ニソッテ東ニオ進ミニナリマシタ。一タン浪速(ナニワ)ニ御上陸ニナッテ、ソレカラ大和(ヤマト)ニハイロウトナサイマスト、長髄彦(スネヒコ)ガ手向ヒマシタカラ、道ヲカエテ南ノ方カラオ進ミニナリマシタ。

逃 定 卽 旗	道中ノ御苦心ハ一通リデハアリマセン。ヨウヨウ大和(ヤマト)ニオツキニナリマスト、長髓彥(スネヒコ)ガ又手向イマシタ。此ノ時一天ニワカニカキ曇ッテ、ヒョウガヒドク降リ出シマスト、金色ノ鵄(トビ)ガ一羽トンデ來テ、天皇ノオ弓ノ先ニトマリマシタ。鵄(トビ)ノ光ガマルデイナビカリノヨウデ、ワル者ドモハ目ヲ明ケテイルコトガ出來ズ、オソレテミンナ逃ゲテシマッタトイウコトデス。 天皇ハワル者ドモヲホロボシテオシマイニナリマシタ。大和(ヤマト)ガ平定シマシタノデ、御卽位ノ式ヲオアゲニナリマシタ。ソレカラ今日マデニ千五百餘年ニナリマス。 此ノ日ハ我々ノ忘レテハナラナイ日デスカラ、學校デハ式ヲアゲ、家々デハ國旗ヲ出シテオ祝ヲスルノデス。

第二十　雉子うちじいさん

雉子(きじ)うちじいさん、雉子(きじ)うたず、
いつでも、しょんぼり下りて来た。
山からしょんぼり下りて来た。

雉子(きじ)うちじいさん、雉子(きじ)見ると、
めんどりかわいそ、おすきれい、
子の雉子(きじ)かわいそ、うたれない。

雉子(きじ)うちじいさん、雉子(きじ)うたず、
谷底ばっかりうって来た。
青空ばっかりうって来た。

第二十一　七里和尚

行 佛	萬行寺のあかしは消えている。和尚(おしょう)は もうねたのであろう、念佛の聲も聞えない。
	何時の間にしのびこんだか、庭のやみから大き な男があらわれた。そうして戸をこじあけて中
押	に押し入った。
	「起きろ、金を出せ。」
枕 刀	和尚(おしょう)の目はあいた。枕もとには刀を 持った男が立っている。
	和尚(おしょう)はしずかに起きなおって、
法	「金は出してやるが、はじめてよその家に來 　て、刀をぬいてあいさつをする法がある 　か。」
	といった。どろぼうは刀をさやにおさめた。和 尚(おしょう)は先にたって、おくの一間にはいっ た。そうしてたんすを指さして、
	「此の中に金がはいっている。いるだけ持って 　行くがよい。」
	どろぼうはたんすの金をすっかりさらって、逃 げようとした。和尚(おしょう)は
返	「ちょっと待て。其の中に明日返さなければな 　らない金がある。それだけは殘して置け。」

どろぼうはいわれただけの金を殘して外へ出ようとした。

此の時和尚(おしょう)は

「人にめぐみをうけたら、お禮の一言(こと)ぐらいはいうがよい。他人の物をうばって、其の日日をくらそうと思うのはあさましいことだ。早く本心にたちかえれよ。」

と弟子の心得ちがいをいましめるように親切にいってきかせた。どろぼうは頭を下げて聞いていたが、ていねいにおじきをしてから、金を持って行ってしまった。

其の後奉(ぶ)行所から和尚(おしょう)に呼出しがあって、「萬行寺のどろぼうのはいったことがあるか。」というおたずねがあった。和尚(おしょう)は「全くおぼえがございません。」と答

目改殘	えたが、役人はどろぼうをつきつけて、「此の者に見おぼえはないか。」といった。 どろぼうは 「面目がありません。あの夜ありがたいおさとしをうけながら、改心しなかったことを残念に思います。たとい和尚(おしょう)様は『おぼえはない。』とおっしゃっても、私はたしかにぬすんだのです。」 といった。和尚(おしょう)はつくづくと其の顔を見て、 「さてさてお前は物おぼえのわるい男だ。あの夜私が金をあたえたら、ていねいに禮をいって歸ったではないか。」 といった。 どろぼうの目には涙があふれていた。

第二十二 象

象 丈 鼻

口

見せ物小屋で象を見た。先ず大きなのにおどろ
いた。たけは一丈からあった。自由に動かすこ
との出来る長い鼻、箕(み)のような耳、長い牙、
小さな目、それから太い足、細い尾、一切繪で
見た通りであった。

象つかいが乗っていて、口上をのべては、らっ
ぱを吹かせたり、ごばんの上へ乗らせたりし
た。

桶

象が大きな桶を鼻で頭の上へまき上げると、
乗っていた象つかいは桶の中へはいってしゃが
んだ。象がそれを下して来て地に置くと、象つ
かいがぬっと桶の中で立上った。みんな手を
うってかっさいした。象の鼻は手の用をなすも
ので、實に力がある。

腕	牙は象つかいの腕よりも太かった。自分たち程の子どもが出て来て、象の前足にだきついて見せた。子どもの手がやっと合っていた。象つかいが 「此の太い足で、どさりどさりと歩きます。」 というと、長い鼻をぶらぶらさせて歩き出した。何だか地ひゞきでもするような氣がした。又
守印	「御らんの通り大きなからだをしていますが、 　氣立はしごくやさしうございます。なれますれば、お子どもしうのお守も致します。印度の國はいたってあつうございますので、お子どもしうは此の腹の下でお晝ねをなさると申します。」 というと、今の子どもが象の腹の下へねころんだ。すると象は鼻で、其所にあったうちわを拾って、子どもの顔をあおぎ出した。此の時、 「大きなお守さんだ。」 と誰かがいったので、みんなが一度にふき出した。

第二十三　汽車ノ中

或日曜日ノ午後、私ハ汽車ニ乘ッタ。

乘客ハ私ノ外、四五人ノ婦（フ）人ト三人ノ男ノ子ヲ連レタ其ノ父親ダケデアッタ。座席ハ廣クテ乘心地ガヨカッタ。

トコロガ間モナク三人ノ子ドモガサワギハジメタ。アチラノ窓ギワニ行ッタリ、コチラノ窓ギワニ來タリ、汽車ノトマルタビ毎ニ下リタリ乘ッタリシタ。實ニウルサイ。ケレドモ其ノ父親ハコレヲ止メヨウトモシナカッタ。

シバラクタッテカラ、父親ハナンキン豆ノ袋ヲ子ドモニアタエタ。子ドモハハジメハカラヲワッテ、ダマッテタベテイタガ、ソレモアキタトミエテ、カラノ投ゲッコヲハジメタ。同乘者ノメイワクハ一通リデハナイ。車内ハタチマチゴミ箱ノヨウニナッタ。ケレドモ其の父親ハコレヲ止メヨウトモシナカッタ。

父親ハ又ミカンヲカゴノマヽデアタエタ。子ドモハスグ皮ヲムイテ投ゲハジメタ。ソウシテ汁ヲ吸ッテハカスヲ其ノヘンニハキ散ラシタ。父親ハコレヲ止メヨウトモシナカッタ。

私ハ車中ノ數時間ヲ不快ニスゴシタ。

汽乗
窓毎止豆袋投者
汁散
快

第二十四　心配

末

おとうさんは先月の末から。平安北道へお出でになりました。おるすはおかあさんと私と女中とだけですから、さみしくてたまりません。

昨日はおとうさんのお歸りになる日でした。私は學校から歸っても、遊びに行かないで待っていました。けれどいくら待ってもお歸りになりません。私はおかあさんと

「雪が降って汽車がおくれたのでしょう。」

などと話していました。

十時がうった時、おかあさんが

「おやすみなさい。今夜はお歸りにはならない
　でしょう。」

とおっしゃいましたから、私は床にはいりました。

あくる朝目がさめると、おかあさんに

「おとうさんはお歸りになりましたか。」

「いいえ。」

「どうなさったのでしょう。」

「どうなさったのですか。」

おかあさんが心配そうな顔をしていらっしゃいましたから、私は話をよしました。學校に行っても、おとうさんの事が心配になってたまりません。學校がひけて家に歸ると、靴ぬぎにおとうさんの靴がそろえてありました。私はすぐにおとうさんのお居間へとんで行って、

「おとうさん、お歸りなさい。昨日からおかあさんとお待ちしていました。」

と申しますと、

「お仕事がすまなかったので、一日のびたのだが、山の中だから電報をうつことも出來なかった。」

とおっしゃいました。

これは私が生れて始めての心配事でした。

床

靴

報

始

第二十五　節約

習

私は書き方や綴(つず)り方の時、少し氣にいらないとすぐ書きなおすくせがありますが、玉順さんは一度もそれをなさったことがありません。此の間玉順さんに

「あなたは書きなおしたくはありませんか。」

ときゝましたら、

「よく出來ても、まずく出來ても、一生けんめいに書いたのですから仕方がありません。」

とおっしゃいました。

玉順さんは書き方用紙に一字でも書く所があると、其所にきっと手習をなさいます。

昨日綴(つず)り方の時、玉順さんは二枚目の用紙にたゞ一行だけお書きになりました。私が

「もったいないではありませんか。」

というと、

「これはむだにするのとはちがいます。」

とおっしゃいました。

私はいつでも玉順さんのなさることがほんとうの節約というのだろうと思います。

第二十六　恩知らずの虎

落

　虎が落し穴に落ちました。出ようとしてもがいても、どうしても出られません。虎は穴の中で死ぬのを待つより外はありませんでした。

　そこへ旅人が通りかゝりました。虎は穴の中からあわれな聲を出して、

恩

　「もしもし、どうぞ私をすくい出して下さい。御恩は決して忘れません。」

といゝました。

　旅人はかわいそうに思って、虎をすくってやりました。旅人は虎がさぞ喜ぶだろうと思っていると、虎は一言(こと)の禮もいわず、旅人にとび

食

かゝって食いころそうとしました。旅人はびっくりして、

　「それではあんまり恩知らずだ。お前はたった今私に助けられたことを、もう忘れてしまったのか。」

といゝました。虎は

　「いや忘れはしない。しかしおれをこんなひどい目にあわせたのは人間だ。人間はみんなお

間

れたちのかたきだ。お前もかくごをするがよい。」

とどなりました。そこで旅人はいゝました。

悪

乳

「なる程、お前のいうこともももっとものよう
　だ、それではどちらのいうことが正しいか、
　誰かに聞いてもらうことにしよう。」

旅人と虎は牛の所へ行って、此のわけを話しま
した。牛は

「人間が悪い。人間はおれたちに重い荷をしょ
　わせたり、重い車をひかせたり、ずいぶんむ
　ごい使い方をする。そればかりか、おれたち
　の乳をしぼりとったり、ころして肉を食った
　りする。人間が虎に食われるぐらいはあたり
　まえのことだ。」

といゝました。そこで虎が又とびかゝろうとす
ると、旅人は

「待て待て、松の木にもきいてみよう。」

といって、松の木の所へ行きました。ところが松の木も牛と同じように、

「人間ぐらいわがまゝのものはない。」

といって、虎の味方をしました。

虎はますます得意になって、

「誰にきいたって此の通りだ。もういゝ分はあるまい。」

と牙をならして向って來ました。旅人はどうしようかと思ったが、

「待て待て、念のためにもう一度狐にきいてみよう。もし狐が牛や松と同じようにいうなら仕方がない。おれも人間だ。助けてやったお前に食われよう。」

といゝました。

旅人と虎は又狐の所へ行きました。狐はよくよく話を聞いて、

「それでは私が正しいさばきをしましょう。其の前に私は虎君がどんな風に穴に落ちていたかを見たいのです。」

といゝました。虎は狐の様子を見て、これもきっと自分の味方をすると思いましたから、落し穴の所へ行って、いきおいよくとびこんで見せました。

そこで狐は旅人に向っていゝました。

「一たいお前さんが虎を助けたから、こんなめ
　んどうなことが起ったのです。虎をあのまゝ
　にして、すてておけばよかったのです。」

それから虎に向って、

「そうして居れば、誰にきかなくても、正しい
　ことがひとりでにわかる。」

といゝました。

旅人と狐は行ってしまいました。虎はふたたび
穴の中をくるいまわりましたが、もう誰も助け
てはくれませんでした。

おわり

大正十二年九月十七日　翻刻印刷

大正十二年九月二十日　翻刻發行

普國六

定價金十七錢

著作權所有

著作兼發行者　朝鮮總督府

翻刻發行兼印刷者

京城府元町三丁目一番地

朝鮮書籍印刷株式會社

代表者　伊東猛雄

販賣所

京城府元町三丁目一番地

朝鮮書籍印刷株式會社

朝鮮總督府編纂(1923～1924)

『普通學校國語讀本』

卷七

第4學年 1學期

普通
學校
國語讀本
卷七

もくろく

第一　級會

級會 送 回 遠足 之 科 教室 清	級會の出來たのは三學年の二學期（き）でした。 朴さんが轉（てん）校した時、送別會をひらいたのが其の第一回で、それからは時々お話の會をしたり、遠足をしたりしました。 四年生になって、此の間始めて級會をひらきました。其の時先生が 「級會も今までいろいろな事をして來ましたが、今年はめいめいが日々しなければならない事を、どうしたらりっぱに出來るかを考へてみたいと思ひます。」 とおっしゃいました。皆は之を聞いて、それぞれ考を話しましたが、大てい學科のことでした。先生は 「學科も大事ですが、其の外に大切な事がいくらもあります。教室の掃除（そうじ）・履（はき）物のせいとんなどは、皆さんの日々しなければならない事です。學用品のしまつや、靴みがきや、手足を清潔（けつ）にする事などは、自分でしなければならない事です。」 とおっしゃいました。すると、そっと自分の机のふたをあけて見た者がありました。手のよご

れて居るのを、氣にして居る者もありました。

先生は笑ひながら、

「自分の手足や机の中が、いつでも心配にならないやうに、きれいにしておかうではありませんか。」

とおっしゃいましたので、皆も笑ひました。

「皆さん、先生のおっしゃる通りに致しませう。」

と玉順さんが言ひました。すると、誰かが

「大へんだよ。そんなにしたら、復習や豫(よ)習をする時間がなくなる。遊ぶ時間も少しはほしいからね。」

と言ひました。貞童君が

「僕は今まで何事もうっちゃって居たから、自分のことを自分でするのは、大へんだとは思ふが、毎日氣をつけて居たら、わづかな時間でりっぱに出來るだらう。」

と言ひました。

そこで級會の考がきまりました。さうして今から實行することにしました。

復

貞童

第二　文語文

文語	
蜂親蝶	○　つゝじ 此の四五日、吹く風あたゝかし。庭のつゝじの つぼみ、にはかに大きくなれり。今朝見れば、 花五つ咲きたり。ぼたん色にて美し。さびしき 庭も、此の花のためにあかるくなれり。 一匹の蜂来りて花にあり。花と虫とは親しき友 なり。やがて蝶も来りてまふならん。
洗器	○　水 父子を呼びて、「洗面器の水を捨てよ。」と言 へり。子之を下水に捨てしに、父とがめて、 「氣をつけよ。」と言ふ。子、其のわけをたづ ねしに、「捨つる水にも其の用あり。之を庭に まけば、ほこりたゝず、草木にそゝげば草木喜 ぶ。いかにささいなる物にても、生かして用ふ る道はあるものなり。」と教へたり。

第三　世界

住
形
球
如
球

われらが住む世界は、其の形まるくして球の如

し。ゆゑに地球といふ。

地球の表面には、海と陸とありて、海の廣さは

およそ陸の二倍半なり。

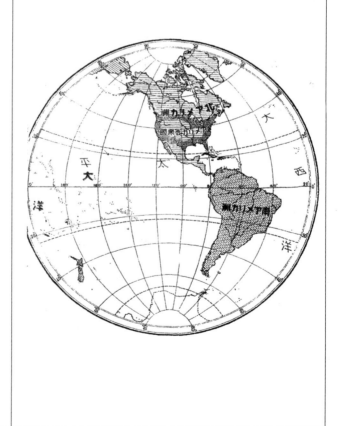

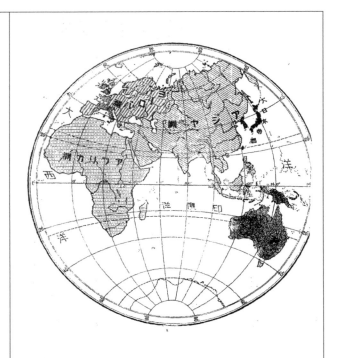

分

海を分けて太平洋・大西洋・印度洋とし、陸を
分けて、アジヤ洲・ヨーロッパ洲・アフリカ洲
・南アメリカ洲・北アメリカ洲及び大洋洲と
す。

帝

我が大日本帝國はアジヤ洲の東部にあり。

地球の上には大小合はせて六十餘國あり。其の
中、我が大日本帝國と、イギリス・フランス・
イタリヤ及びアメリカ合衆國を世界の五大強國

衆

といふ。

第四　桃の花

巣

首

桃

　　　　一

巣箱に卵を産み落して、

自分でおどろくめんどりの聲。

ほかのめんどりも首をのばして、

聲をそろへるとり小屋のさわぎ。

　　　　二

とり小屋ににはとり

のさわぎがやむと、

村中が急にひっそりと

する。

庭先の桃がまっかに

咲いて、

　　　巣箱にころがる

　　　　卵一つ。

第五　二つの力

柳 綠
船頭 骨
限 向
文 切

私は昨日河ばたで半日遊びました。兩岸の若草は青く、柳の若葉は緑がこくなって、目がさめるやうでした。山の雪がとけたせいか、河の水かさが大そうまして居ました。

渡場の船頭が「かう流れが強くては骨が折れる。」と、ひとり言のやうに言って居ました。

私は船頭がいく度か人を渡しては、また乗せて來るのを見て居ました。船頭は行きにも、歸りにも船の頭を斜上(なゝめかみ)に向けて、力の限りこいで居ます。あれ程力を入れて、あの方向にこいだら、船は斜に進まなければならないのに、河を一文字に横切って行きます。

輕
射

河を上下して居る外の船を見ると、上る船はすべて両岸にそひ、下る船は中流を進んで居ます。なほよく見ると、上りの船は船頭がいく人か力を合はせてこいで居るが、進みはおそく、下りの船は一二人が櫓(ろ)を輕くあやつって居るのに、矢を射るやうに進んで行きます。私はなぜだらうかと考へました。

其の中に私はふと、「河水の押し流す力と、人のこぐ力とが、一つの船にはたらくからではあるまいか。」と思ひつきました。なほいろいろ考へましたら、渡船の斜上に向けてこぐわけも、上る船が両岸にそひ、下る船が中流を進むわけもわかりました。私はうれしくてたまりませんでした。

第六　李坦之

今から八百年ほど昔、女眞(じょしん)と高麗(こうらい)が咸興(かんこう)平野で戦ったことがあった。

高麗の將(しょう)尹瓘(いんかん)はたくみに兵を用ひて、女眞を北方にうち退けた。さうして咸興の守備(しゅび)として、九城をきづいた。翌年女眞は又大軍をひきゐて、急に雄(ゆう)州城を攻めて之をかこんだ。

雄州城は九城の一番東にあって、他城とのれんらくが不便なために、全く孤(こ)立の姿になった。敵の攻撃(げき)は日に日に強くなるが、味方のゑん兵は何時來るかわからない。雄州城は刻々にあやふくなるばかりであった。

此の時城兵に李延厚(えんこう)といふ者が居た。敵にかこまれた頃から病にかゝって、だんだん

野

兵
用
退

軍
攻

立
攻

病

に重くなった。たうてい本復の見込がないの
で、我が子坦之(たんし)にたゞ一目あひたいと、
そればかり思ひつゞけて居た。

坦之は其の頃開城に居たが、父の居る雄州城が
あやふいときいて、心配でたまらない。さっそ
く開城をたって、急いで定州まで來た。此所で
始めて父の病が重いといふことをきいた。坦之
は今は一刻もいうよして居られぬ。直ちに運送
船に乗って西湖津(せいこしん)に着いた。

坦之は五里の山道を夜の中にかけつけた。たゞ
父の身をきづかふ一心で夢中であった。幸に敵
に見とがめられないで、やうやう城の南門にた
どり着いた。みちびかれて父に對(たい)面した。
父はあまりのうれしさに、夢ではないかとおど
ろいた。

しばらくして、父は坦之の手をとって、「生前
にお前にあふことが出来て、もはや此の世に思
ひ殘すことはない。我は白骨となっても故郷(こ
きょう)に歸ることが出来る。」と喜んだ。坦之
はいろいろとなぐさめもし、かいはうもしたが、

込

開

直

夢幸

夢

白骨

遺	其の中に父の様子がかはって、其の夜つひになくなつた。 坦之は悲しい中にも父の最期(さいご)にあふことが出來たのを喜んだ。夜のふけるのを待って、父の死骸(がい)を火葬(かそう)にし、遺骨をしょって城を出た。ふたゝび敵の中をくゞりぬけて、海岸をつたって都連浦(とれんぼ)までのがれた。
厚 誠	其の後坦之は開城に歸って、厚く父をはうむった。時の人、孝子の誠が天に通じたのだと言ひつたへた。

第七　林檎園

<table>
<tr><td>林</td><td>此ノ林檎(ゴ)園ハ二町歩(プ)餘リアリマス。私ハアノ小屋ノヤウナ家ニ、小人數デ住ンデ居マスガ、自分ノ育テタ木ニカコマレテ居ルノハ、氣持ノヨイモノデス。林檎園ニ働イテ居ルト、私ニハ年中不愉快ナ日ハアリマセン。</td></tr>
</table>

<table>
<tr><td>林

働
愉</td><td>此ノ林檎(ゴ)園ハ二町歩(プ)餘リアリマス。私ハアノ小屋ノヤウナ家ニ、小人數デ住ンデ居マスガ、自分ノ育テタ木ニカコマレテ居ルノハ、氣持ノヨイモノデス。林檎園ニ働イテ居ルト、私ニハ年中不愉快ナ日ハアリマセン。

一月モ十四五日ニナッテ、アタヽカイ日ノ中一時間バカリハ、枝ノ剪(セン)定ヲ致シマス。此ノ時、葉ヲマキヨセテ居ル害虫ヲ取リマス。</td></tr>
<tr><td>凍
肥料

洗

砲</td><td>二月モ一月ト同ジヤウナ仕事デスガ、地面ノ凍ッテ居ル中ニ、肥料ノ運搬(パン)ヲシテオキマス。

三月ニ入ルト、木ノ肌(ハダ)ヲ灰汁(アク)デ洗ッテ、發芽(ガ)前ニ病氣ノ豫防(ヨボウ)ヲシマス。アタヽカクナッタノデ、鐵砲虫ガ皮目ノ所ニヨッテ居ルノヲ見ツケテコロシマス。</td></tr>
<tr><td>春耕
終
最
多少

總</td><td>四月ニハ春耕ヲ終ヘテ草ヲ取リマス。枝ノ剪定モシテシマヒマス。枝ノ剪定ハ私ドモノ最モ苦心スルコトデ、收益(シウエキ)ノ多少ハ全ク之ニヨッテキマルノデス。

五月ニ入ッテ花ガ咲キ始メルト、一家總出デ花ノ虫ヲ取リマス。花ガ終ハルト、肥料ヲヤッテ</td></tr>
</table>

シマヒマス。

雨期
液

先果

七月雨期ニハイル前、ボルドー液デニ三回消毒（ショウドク）シマス。雨期ノ後ニモ一回シマス。カウシテオケバ先ヅ安心デス。果實ガ小サイ李（スモヽ）ノ實ホドニナルト、強サウナノヲ殘シテ、他ハツミ取リマス。サウシテ袋ヲカケマス。之ガ終ハルト、綠枝（リョクシ）ノ剪定ヲシタリ、枝ブリヲナホシタリシマス。常ニ注意シテ草取ヲシマス。

常
注

光

七月ニ熟（ジュク）スル林檎モアリマスガ、旭（アサヒ）トイフノハ九月ニ、紅（コウ）玉ト國光ハ十月・十一月ニ熟シマス。袋ヲハヅシテ、日光ニアテルト色ヅキマス。カウナルト林檎園ガ景氣ヅキマス。取ッテ市場ニ送リ、又ハ貯藏（チョゾウ）

シマス。此ノ頃落葉ヲカキアツメテヤキステル
ノハ、果樹園ニハ大事ナ仕事デス。

十二月ニハ、シヅカニ今年ノ成績(セキ)ヲ考ヘ
テ、明年ノ計畫(ケイカク)ヲタテマス。

私ガ此ノ林檎園ヲ始メテカラ、十年餘リニナリ
マス。一朝デモ園内ヲ見廻ハラナイコトハアリ
マセン。サウシテ病ニカヽッタ木ヤ、虫ノツイ
タ木ハスグニ手當ヲシテヤリマス。

市樹 明廻 當

第八　朝鮮牛

畜
重要

體(体)
健
溫

故

負

朝鮮の家畜の中にて、最も重要なるものは牛なり。

朝鮮牛は大てい毛の色赤し。體大にして、強健なり。性質(せいしつ)きはめて溫順にして、しんばう強し。粗(そ)食にあまんずるが故に、飼養(しよう)すること容易(ようい)なり。

朝鮮にては耕作に多く牛を用ふ。北方にて二匹そろへて使ふも面白し。又地方によりて、車を引かせ、荷物を負はする所あり。

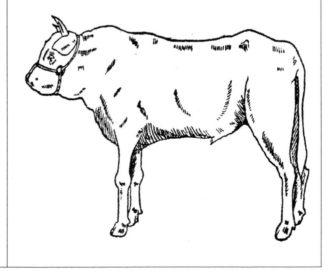

移 適 良 <u>夫</u>	朝鮮牛は肉牛としてもすぐれたり。年々役(えき)牛・肉牛として內地に移出するもの五萬頭に、及ぶといふ。朝鮮牛は品種よく、朝鮮の氣候・風土も牛に適す。もし其の飼養に注意し、改良に工夫せば、さらに優(ゆう)良なるものを産出するにいたらん。

第九　牛を買ふまで

片 貧 壯 幸福	私は片田舍(いなか)に生れた者です。家はいたっ て貧しくて、少しばかりの小作をして居ます。 しかし私は父母が壯健で、よく働いて下さるの と、私が强壯に生れたのと、一人の妹のあるこ ととを、常に幸福だと思って居ます。 私が十二歳(さい)の時、或日父が田から歸って、 「牛がなくての小作は苦勞だ。」といかにも苦
樂 望 郡 助	しさうにおっしゃいました。之を聞いた私は、 何とかして牛を買って、少しでも父に樂をさせ たいと思ひました。其の後は毎朝早く起きて、 一生けんめいに働きましたが、まとまった金を つくる見込がたちません。これでは何時其の望 が達せられることかと、自分でもたよりなく 思って居ました。 其の頃郡廳(ちょう)から養雞(ようけい)の獎勵 (しょうれい)があって、望の者には改良種のひな を下さるといふことでした。なほ飼(し)料の補 (ほ)助もし、卵も買ひ上げて下さるといふこと でした。私は喜んでさっそく郡廳にねがひ出 て、ひな五羽をいただいて來ました。 私は之を育てるのには、全くしんけんでした。
預	もらったといっても、實は預って居るやうなも

のです。病氣にならないやうに、猫がとらない
やうに、朝夕どんなに注意したか知れません。幸
にひなはよく育って、七箇月の後には卵を産む
やうになりました。私は其の卵を大切にしまっ
て置いて、十四五たまると、郡廳に持って
行って、一箇六錢に買ひ上げてもらひました。さ
うしてお金は何時も金融（ゆう）組合に預けまし
た。六箇月たつと、預金が二十圓になりまし
た。私は郡廳におねがひして、よい小牛を一頭
買っていただきました。それを私が連れて家に
歸りました時には、父も母も大そう喜んで下さ
いました。

私はこれから力の限り働いて、數年の後には、
せめて自分の家で作るだけの田を持ちたいと
思って居ます。

猫
夕
箇

箇
組
預
圓（円）

第十　へんな馬車

峠　等　集　興　次　坂　歩

或田舍(いなか)に、峠をこえて町へ通ふ馬車ありき。座席にはかはりなきに、切符(きっぷ)には一・二・三の等級あり。

發車まぎはに集りたる乘客は、それぞれに切符をもとめて乘れり。

馬車は平地をいきほひよく走れり。乘合の人々は世間話に笑ひ興じたり。其の中に馬車、坂道にかゝりて馬は次第に苦しむ。御者いはく、「一等客は其のまゝにてよろし。二・三等の方は下りたまへ。」と。二等・三等の人々は車より下りて、馬車の後にしたがひ行けり。

しばらくして馬車は急坂にかゝれり。馬はをりをり歩みをとゞむ。御者又いはく、「三等客は後より押したまへ。」と。乘客は此の時始めて切符に等級あるわけを知りて、大いに笑ひたりといふ。

第十一　道路樹

私どもが此所に植ゑられたのは、皆さんのお生れになったばかりの頃です。當時の寫眞と今の寫眞とをくらべたら、誰だっておどろくでせう。

其の頃のことです。或人が「これが育つだらうか。」と言ひました。又或人は「育つにしても何時のことだか知れない。」と言ひました。けれどもわづか十年餘りで、私どもは一人前の道路樹として、りっぱに役目をつとめるやうになりました。

私どもの根は道路の兩側をかためて居ます。それよりも私どもが、四季をりをりに姿をかへて、道行く人

當
寫眞

側

季

をなぐさめて居ることはたいしたものです。夏の私どもの蔭は涼しいでせう。雪の夕にも私どもがかうして居ると、心強いでせう。私どもはただ立って居るやうでも、中々に重い役目があるのです。

私どもが十年かうして育って來る間に、不思議なことには、此のあたりのはげ山に木を植ゑる人がだんだん多くなりました。それを私どもの手柄だとは申しませんが、全く關係(かんけい)のない事とも思ひません。

私どもが植ゑられて間もない頃のことです。私どもをむやみに引きぬく人がありました。折ってむちにする人もありました。後にこれが人間のいたづらだと知って、いやな氣持がしました。

私どもには恩人があります。それは十年前の此の道(どう)の長官です。其の方のお蔭で、私どもの仲間が十三萬本も完全に育って居ます。誰でも長官の不朽(きう)の事業だと言って居ます。

第十二 旅

學普川湖沼

景色

暮

見
必
進
古

學ぶべき事をなし終へて、多少のひまあらば山に上るもよし。野を歩くもよし。普通學校に通ふ間に、其の郷(きょう)土の山川・湖沼・名所・舊跡(きうせき)などくまなく歩きて、親しくしらぶべし。郷土をしらぶることはすべての學問の始めなり。

やゝ長じては、家業をはげむひまひまに旅行すべし。旅は樂しきものにして、又苦しきものなり。晴れたる日に、急がぬ道を歩むは樂し。汽車・汽船・自動車・馬車などに乗りて、景色をながめながら行くも樂し。雨の日に山坂をこえ、風の日に海を渡るは苦し。まして日暮れて道なほ遠く、うゑつかれて足のいたむ時などは、其の苦しさ限りなし。故に諺(ことわざ)にも「かはいゝ子には旅をさせよ。」と言へり。されど旅の苦しさは、後日思ひ出でて樂しきものなり。

又旅行は知らず知らずの間に見聞をひろむ。地方の産業を見ては、改良の必要を知らるるなり。都會生活(かつ)を見ては、地方生活の改善(ぜん)も思はるゝなり。故に古人は「百聞は一見に如(し)かず。」と言へり。

第十三　鴨緑江ノ鐵橋

橋
明治
局
着

□　鴨緑江(オウリョクコウ)ニハ昔カラ橋ヲカケ
タコトガナカッタ。明治四十二年朝鮮鐵道管
(カン)理局ガ此ノ工事ニ着手スルト、誰モ其ノ
成功ヲアヤブンダ。中ニハ無謀(ムボウ)ダト
笑ッタ者モアッタ。トコロガ四十四年ニ出來
上ッテ以來、アヤブンダ人モ、笑ッタ者モ
渡ッテ居ル。

閉開閉	□　橋ノ長サガ三千九十八呎(フィート)、橋ノマン中ヲ鐵道ノれーるガ通ッテ居テ、両側ニ八呎ノ歩道ガアル。十二アル橋桁(ゲタ)ノ中程ノ一ツガ、結氷(ケッピョウ)期以外日ニ四回開閉スル。開ケバ十ノ字、閉ヂレバ一ノ字ニナル。誰カガ日本ノ鐵道ノ三大工事ノ一ツダト言ッタガ、ホンタウダト思フ。
央　端　支	□　五百噸(トン)以上モアルーツノ橋桁ガ、四人ノ力デマハルノハ不思議ノヤウダ。橋桁ノ中央デ、四本ノ挺子(テコ)ヲソレゾレ穴ニハメテ、四人ガ同方向ニ押シ始メルト、先ヅれーるガ上ニアガル。次ニ橋桁ノ北端ガ西ニ、南端ガ東ニ向ッテ、シヅカニ動キ始メル。橋桁ノ中央ノ一本ノ柱ニ支ヘラレテ、動イテ居ルノヲ見ルト、人間ノ工夫モオドロクベキモノダト思フ。
過	□　橋ノ開クノヲ待ッテ居タ大型(ガタ)ノじゃんくや帆(ハン)船ハ、ツヾイテ通過シ始メル。サスガニ鴨緑江ダ。上下スル船デ、シバラクハニギヤカデアル。
	□　橋ノ上ヲ渡ッテ居ルト、イロイロナコトガ思ハレル。鳥ハ自由ニ川ノ上ヲ北ヘモ南ヘモト

義晴	ブ。風ガ吹クト、安東ノ柳モ、新義州ノ柳モ、同ジ方向ニナビク。晴雨寒暑(カンショ)ニ國境ナク、月雪花ニモ國境ガナイ。
幾那	□ 鴨緑江ノ水ハ、幾萬年晝夜(チウヤ)ヲワカタズ流レテ居ル。朝鮮カラ流レ出タ水モ、支那カラ流レ出タ水モ、一ツニナッテ流レテ行ク。 □ 此ノ橋ヲ渡ッテ、安東ニ買物ニ行ク人モアレバ、此ノ橋ヲ渡ッテ、新義州ニ働キニ來ル人モアル日支兩國ノタメ、此ノ橋ノ功ハ大キイモノダ。

第十四　釣

釣
竿

向ふの河岸に、さっきから釣をして居る男があ
る。二本の釣竿を前に出して、水面を見つめた
まゝ、石のやうにじっとして居る。時時竿を上
げるが、そのたびに小さな魚が、白い腹を見せ
てかゝって来る。

男はうれしさうな顔もせずに、釣った魚を水に
ひたしたかごに入れる。そして又じっと水面を
見つめて居る。

かごを下げて釣竿をかついだ男が、こちらの岸
をひょっこりひょっこりやって来た。
知合と見えて「釣れるか。」と聲をかけて、
ちょっと立止って見て居る。男は「釣れない。」

何所

とたった一言、無愛想(ぶあいそう)な返事をした
きり見向きもしないで、やっぱり水面を見つめ
て居る。

聲をかけた男は、だまって何所かへ行ってし
まった。

第十五　稲の螟蟲

私は今日田のあぜを通って、ふと稲の白穂(しらほ)を見つけた。田にはいって、白穂の茎を根もとからぬき取った。よくよく見ると、茎の髄(ずい)が蟲にくはれて居る。茎をすっかり割(さ)いて見ると、根に近い所に七八分ばかりの黄白色の蟲が居た。背には縱(たて)に五すぢの線があった。

稲

茎

蟲(虫)
黄色
背
線

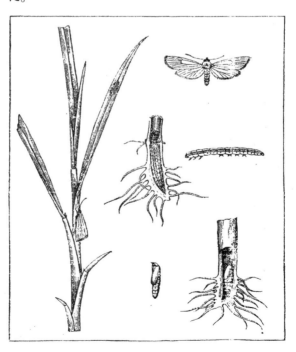

農
蟲

幼
刈

枯

捕

家に歸って、農業の本をしらべてみた。それは螟(めい)蟲といふ稻の害蟲であることがわかった。本には次のやうに書いてあった。

螟蟲は一年に二回發生するものである。冬は幼蟲のまゝ、多くは刈株の中ですごし、五月の中頃になって蛹(さなぎ)になる。蛹は小さい蛾(が)になって、夕方から苗代(なわしろ)に來て苗の葉に卵を産む。卵はたくさん一しよに産みつけられ、それが幼蟲になり、稻の莖に食ひいって大きくなる。それが九月のはじめに、また蛾になって卵を産みつける。其の卵がかへると、稻の髓を食って、穗を枯らしてしまふ。

私の見つけたのは二回目の螟蟲である。螟蟲を驅除(くじょ)するには、苗代に集る螟蟲の蛾を捕へ、又は苗に産みつけた卵を取ることが大切である。

第十六　金の冠

博
館
冠

曲
浮

剣

此の間私は博物館にまゐりました。いろいろ珍しい物の多い中に、金の冠を見つけました。そのわきに「慶(けい)州の古墳(ふん)から出たものである。」と書いてありました。多分昔の王様のおかぶりになったものでせう。

私は其の後、金の冠のことを時々思ひ出します。さうしていろいろに考へます。夢に見たこともあります。今でも、あの小さい曲玉のたくさんついて居る金の冠を、はっきり思ひ浮べることが出来ます。

あの金の冠をおかぶりになった王様は、どんな方でしたらう。着物は何をおめしになって居たでせう。剣も金でかざり、くつも玉でかざってあったでせう。乗物などはきっと金・銀・らでんなどで、かざりたてたものだったでせう。

其の王様のいらっしゃった御殿は、さぞ大きくてりっぱであったでせう。そして新羅(しらぎ)の都は、さぞはなやかで美しいものであったでせう。

王様が春の野や秋の山に、大ぜいのおともを連れてお出ましになる時は、どんなににぎやかだ

ったでせう。其の行列はまぶしい程りっぱなものだったらうと思ひます。

先生から、いつか「曲玉の出る所は世界に內地と朝鮮しかない。」とうかゞひました。あの金の冠の曲玉を見た時、內地と何か關係(かんけい)があるのではないかと思ひました。

第十七　けやき

外幹

外村れに一本の大きなけやきがあります。幹が太くて、私どもが三人手をつなぐと、やっと一廻りする程です。せいは高くはありませんが、枝の廣がって居ることはおどろく程で、まるで大きなかさをひろげたやうになって居ます。

木

青

此所は叔父様のうちの地面ですが、村の人の遊び場になって居ます。其の涼しい木蔭には誰でも引きつけられるとみえて、道行く人は大てい此所で休んで行きます。時には老人が碁(ご)をうって居ることもあるし、青年がしやうぎをさ

菓 來 鬼	して居ることもあります。それで此の頃は、ラム ネや菓子などを賣るばあさんが毎日來て居ます。 私ども一日でも此の木の下に來ないことはあり ません。外の人のじゃまにならない時には、鬼 ごっこなどをしてさわぎますが、人が碁やしや うぎをして居る時には、石けりなどをして遊び ます。 此のけやきは年中美しうございますが、青葉若 葉の時や、葉の黄色くなった時などは、ことに 美しいと思ひます。 此の間叔父様が菓子屋のばあさんに、何かの話 のついでに、
孫	「ばあさん、心配しなさるなよ。此の木をきつ てよいものかね。私のぢいもきらなかった。 私の父もきらなかった。それを私がどうして きらうか。子の代になっても、孫の代になっ ても、決してきらすことはない。自分の家の つづく限り、此の木の命のあらん限り、私の うちで保護(ほご)するよ。ばあさん大丈夫だ、 安心しな。」 と言っていらっしゃった。ばあさんは 「たのもしいね。」 と言って笑って居た。

第十八　子供と小鳥

供

問

子供が美しい小鳥に向って、

「小鳥さん、あなたは食物をいつも何所でさが
　しますか。」

と問ひました。小鳥は

「私どもはよく其の場所を知って居ます。何所
　へ行っても、私どものためにおいしい御馳走
　（ちそう）がつくってあります。此の土の上に
　は、私どもをやしなってくれない木は一本も
　ありません。」

と樂しさうに答へました.

「あなた方はつかれた時には、何所へ行ってお休みになりますか。」

「何所のやぶでも、木の枝でも、自由に自分のすまひをえらびます。草や木の葉蔭に、安全な巣をつくります。」

「のどがかわいた時には。」

露
雫
泉

「私どもは葉末の露を吸つたり、美しい花さかづきから、雨の雫を飲んだりします。道ばたにはきれいな泉があり、小川にはつべたい水が流れて居ます。」

そこで子供は

「寒い寒い冬が來て、水がみんな凍ってしまったら、お困りになるでせう。」

とたづねました。小鳥は愉快さうに、

暖

「暖かい國へ行って、私どもは樂しく暮します。こちらに春の風が吹いて、花が咲き葉が出るやうになりますと、私どもは歸って來て、樂しい歌をうたひます。」

歌

と答へました。

第十九　藥水と溫泉

藥
共
藥

溶
湧

藥水のほとりには多くの人が集って居る。大きな岩の間からしみ出る清水(しみず)を、かはるがはる汲んでは飲んで居る。貞童は弟と共に、母に連れられて此所へ來た。

貞童が汲んで來た藥水を、弟は一口飲んで

「何んだ、にいさん、たゞの水ではありませんか。」

此の時母は

「お藥がはいって居るのだから、たくさんおあがりなさい。」

之を聞いた弟は、

「お藥を誰が入れるのですか。」

ときいた。母はたゞ笑って居た。貞童は

「それは誰が入れたのでもない。岩の間や地の中には、自然(ぜん)と藥になるものがふくまれて居る。水がそこを通ると、それが溶けて藥水となって湧いて出るのだ。」

「それでは井戸の水も藥水なの。」

「井戸の水も、岩の間や地の中を通って湧いて出るのだが、大てい藥になるものが溶けて居ない。井戸によって『不可飲(ふかいん)』と書い

札
毒

た札がはってあるだらう。あれは毒になるも
のが溶けて居るからだ。目にはきれいな水に
見えても、溶けて居るものによって、藥にも
なり、毒にもなるのだ。　」

弟は思ひ出したやうに
「土の中から、湯が湧くといふではないの。」

兄は

「地球は外側だけがひえた火の球だといふことだ。それで年中煙をふいて居る山もあり、湯の湧いて居る所もある。つまり地の中へ深くしみこんだ水が、地熱（ねつ）にあたゝまって湧いて出るのが温泉だ。温泉には薬になるものの溶けて居ることが多いから、それで人は湯治に行くのだ。」

と言った。

泉
湯

第二十　美しい角

湖

かゞみのやうな湖に、

姿うつして鹿はいふ。

ほんにきれいな角だこと、

脚(あし)はみにくゝくやしいと。

うしろに犬のほえる聲、

すはかりうどとおどろいて、

鹿はみにくい脚をもて、
森の木の間をかけました。

枝と枝とが組み合った、
そこをかけると、あやにくも
きれいな角がじゃまになり、
あはれえものになりました。

第二十一　荷車の後押

| 粟 | 今日學校がひけると、私は急いで歸って來ました。村外れの坂道に來ると、粟袋をたくさんつんだ荷車が、坂の中程にとまって居ました。見ると老人が其の荷車を引上げようとして、汗びっしょりになって居ますが、車は動きません。私は氣の毒に思ひました。

私が車の後に廻って、「押しますよ。」と言って力一ぱい押すと、老人も力ぎり引いたとみえて、車はわづかに動きました。かうなると私も老人も一生けんめいです。車は右に曲り、左に曲りして、餘程上って來ました。私も汗びっしょりになってしまひました。

此の時、後から若い男が二三人、車のわきを通りぬけました。其の中の一人がふりかへって、何と思ったか笑ひました。私は「笑ふひまに、ちょっと手をかしてくれたらよいに。」と思ひました。

ずゐぶん長くかゝりましたが、とうとう坂の上まで引上げました。老人は汗をふきながら幾度も頭を下げて、「坊ちゃん、ありがたうございました。お蔭で家へ早く歸れます。」と言ひました。 |

第二十二　滿洲

満洲ノ夏ハ高粱(コウリョウ)ノ夏デアル。大豆(ダイズ)ノ夏デアル。粟ヤ玉蜀黍(トウモロコシ)ノ夏デアル。

満洲ノ作物ハコノヤウニ多イガ、農村ハ此所ノ川ノホトリヤ、彼所ノ柳ノ蔭二見エル位デ、家ハ高粱二埋マッテ居ル。誰ガ此ノ作物ヲ仕付(シツ)ケ、誰ガコレヲ取入レルダラウト思フホドデアル。

大豆ハ満洲ノ主要産物デアル。南満洲鐵道ノ貨物ノ第一位ヲシメテ居ルトイフノデモ、ドレホド多ク出ルカガワカル。大豆ハ多ク豆油・豆粕(カス)トシテ、大連カラ輸(ユ)出スル。高粱・粟・玉蜀黍ハ住民ノ食料トスル外二、酒ヤ焼酎(ショウチウ)ニシテ飲ンデシマフ。

満洲ニハ山地モアルガ、大部分平野デアル。奉(ホウ)天以北、長春・はるびん・満洲里(マンチュリヤ)二至ルマデ、多少ノ高低ハアッテモ、概(ガイ)シテ平野デアル。終日汽車二乗ッテモ山ヲ見ズ、とんねる一ツコサナイホドデアル。

鐵道沿線ノ濕(シッ)地ヤ小高イ岡二、牧童ガ馬・牛・豚(ブタ)・羊・驢(ロ)馬・騾(ラ)馬等ヲ二三

村
埋

貨
油連
住酒

至低終
沿牧羊

集

十頭集メテ自由ニ草ヲ食ハセテ居ル。牧童ノユルクフル長イムチニヨッテ、一群ノ動物ガ同ジ方向ニ進ンデ行クノハ、マルデ繪ノヤウデアル。

領

從

滿洲ハ中華(カ)民國ノ領土デ、住民ノ多數ハ支那人デアル。外國人ハ長春以北ニろしや人多ク、以南ニ日本人ガ多イ。內地人ハ多ク商工業ニ、朝鮮人ハ多ク水田ノ耕作ニ從事シテ居ル。

石炭
將

廣

南滿洲ハ水・石炭・鐵ナドガ自由ニ得ラレルカ
ラ、將來工業地トシテ發達スルダラウ。

日支兩國民ガ、此ノ廣大ナ土地ノ産業開發ニ力
ヲツクシタラ、其ノ幸福ハ大イニ增(ゾウ)進スル
コトダラウ。

第二十三　連絡船に乗った子の手紙

棧 橋 甲 板 臺 笛 互 港 潮	おかあさん、汽車は今朝十時釜山の棧橋に着きました。德壽(じゅ)丸が十一時の出帆(ぱん)でしたから、おとうさんとすぐ乗り込みました。 空は晴れ渡って風も強くありません。私は甲板に立って棧橋を見て居ました。乗客の手荷物でせう、幾臺となく車で運んで来てつみ込みました。郵便車が郵便物を山ほどつんで来たのにはおどろきました。見送の人が集りました。出帆のどらが鳴り出しました。汽笛が太くひゞき渡って、船はかすかに動き始めました。スクリューのまはる音が聞えます。それに調子(ちょうし)がついて来ると、船の動くのが早くなります。見送る人、見送られる人、互にばうしやハンケチをふって、別れを惜しみました。船が港口に向って進むと、絶影(ぜつえい)島は私どもの船を見送って居るやうでした。 釜山の港口は潮の流が急で、船がしばらくゆれました。風も少しは出て来ました。甲板の凉しさは、陸に居ては全く想像(そうぞう)がつきません。二時間ばかり進むと、右手に島が見えました。おとうさんが　「對馬(つしま)だ。　」とおっしゃいました。

腰
絡

最

費

おとうさんと私がベンチに腰をかけて居ると、
そこへおとうさんのお友だちがお出でになりま
した。「此の連絡を壹岐(いき)丸・對馬丸などで
して居た頃は、十二時間もかゝったものです
が、景福・昌慶(しょうけい)・德壽の三隻(せき)
が出來て、八時間になったのは便利です。」と
話していらっしゃいました。おとうさんが「よ
い船ですね。」とおっしゃると、「最新式で
す。しかし釜山と下關(しものせき)が、もし陸つ
づきであったとして、これに鐵道を敷設(ふせつ)
する場合の費用を考へたらどんなりっぱな船を

つくってもよいわけです。」と言って、笑って
いらっしゃいました。「これから玄(げん)海灘
(なだ)にかゝります。少しお休みなさい。」と
言って、あちらへ行っておしまひになりまし
た。

私は玄海灘を眠ってこしました。目がさめて甲
板に出ると、おとうさんが「右手の小さい島を
指さして、「あれが沖の島だ。」とおっしゃい
ました。私は日本海海戦は、あの島の附(ふ)近か
らはじまったのだらうと思ひました。

中國や九州の山が、かすかに見え始めました。
出入の汽船も三四隻見えて居ます。おとうさん
が、「昔朝鮮や支那の文明が、此の海を渡って
内地に流れ込んだが、今は内地の文明が、此の
連絡船で朝鮮・支那に流れて出る。面白いもの
だ。」とおっしゃいました。

七時下關に着いて、驛(えき)前の旅館にとまりま
した。今日は大そう暑うございます。歸ってく
はしくお話し申します。さやうなら。

沖

入

暑

第二十四　電話

機

失
加

受

械

電話機がとりつけられて、「通話の出來るやう
になった晩は、電話の話で持ちきった。「はじ
めの中は、誰でも話がすんで、『さやうなら。』
といふ時には、電話口に頭を下げる。」とか、
「湯にはいって居る時、電話がかゝって、はだ
かでとび出して來て、電話口で『はだかで失禮。』
と言った。」とか、「電話加入者は遠くにひゞ
く聲と、遠くの聲とを聞く耳を持って居る。」
とか言って笑った。

加入者の電話機は、
電線で電話局につゞ
いて居る。通話しよ
うとする時、受話器
をはづすと、其の信
號(しんごう)が電話
局の機械にあらはれ
る。すると交換事務
員(こうかんじむい
ん)は、直ちに番號を
聞いて線をつなぐ。
つながれた家では、

鈴

電話機の鈴が鳴る。そこで電話口に出て、受話器に耳をあてる。さうして通話するのである。

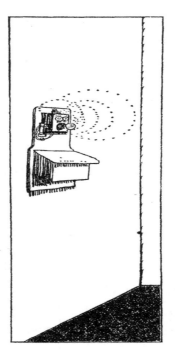

おとうさんが

「通話をよくするには、第一よい電話機、第二によい交換事務員、第三によい通話者でなければならぬ。電話機がよくても、交換事務員がそゝっかしかったり、交換事務員がよくても、通話者が無作法(ぶさほう)だったりしては、十分の通話は出来るものではない。

電話機・交換事務員・通話者が一つのつゞいた機械だと考へる時、電話機は最上の働きをするのである。

此の電話口では、誰でも無作法な言葉をつかってはならない。よし交換事務員がつなぐのをまちがへても、あらあらしい言葉をつかったり、電話機を手あらく取扱ったりして

扱

はならぬ。交換事務員が機械と機械の間に居て、機械のやうに働くことは、かなり苦しいことだらう。それに一人の交換事務員が加入者百二十名位を受持って居るのだから、込み合った時にはまちがふのも無理はない。」

とおっしゃった。

此の時鈴がしきりに鳴った。おとうさんが電話口に出て、「ちがひます。」とおっしゃった。すると「失禮しました。」と言ふ聲がかすかに聞えた。

受
無

第二十五　東京の震災

戸	□　よろめく足をふみしめて戸外にとび出した時は、倒れる家、くづれる屋根の音に、世はどうなって行くことかと、生きた心地はなかった。黒い煙が所々に立上り、焰(ほのお)が風に吹きまくられてとぶ。水道は斷(だん)水して居る。
消防隊	消防隊も手のつけやうがない。もえ廣がった火は高い建物を包んでやいて行く。逃げまどふ人は道にあふれ、焰にまかれた人は、ばたばたと倒れる。
震災 市	これは東京の大地震にひきつゞいて起った火災の惨狀(さんじょう)である。三日間やけつゞいて、繁華(はんか)な市街(がい)も一時にやけ野のやうになってしまった。まるで夢のやうな事實である。
以 院場	□　火はしづまったが、人は住む家がない。食物がない。水さへもない。多くは身を以てのがれた人である。山の手の家々、學校・寺院・劇(げき)場などに罹(り)災者を收容(しうよう)したが、たうてい收容しきれるものではない。

多數の罹災者はうゑて立つ力がない。つかれて歩むいきほひもない。もし數日此のまゝに過ぎたら、此の人々はどうなることかと心配した。

過

□　東京の震災は各地の新聞によって、全國に知れ渡った。やきつくさるゝ東京の惨状は無線電信や、飛(ひ)行機の報告によって、全國民が手に取るやうに知った。國民はどれ程おどろいたか知れない。

各
信
告

□　國民の同情は東京に集った。其の眞(ま)心によって集った救濟(きうさい)品を滿載(さい)した軍艦や汽船は東京に急行した。品川沖は其の船でおほはれた。うゑた者、つかれた者

情
艦

興	は、其の同情によってよみが[.]へった。復興の元氣もこれがために芽ぐんで來た。 東京市民は、いつまでも涙なくて、此の時の事實を思ひ浮べることは出來まい。
諸 損 輸 力	□世界の同情もまた其の頂(ちょう)上に達した。 友邦(ゆうほう)の急をすく[.]へとは、全世界の聲であった。區米(おうべい)諸國はアジヤにある艦隊に、東京をすく[.]ふべきことを命じた。其の後、各國ともに義捐金を募集(ぼしう)し、必要物品を輸送した。病院を東京に建設(けんせつ)した國もあった。美しい博愛の心が世界のいたる所にかゞやいた。 東京市民は、此の國民と世界の同情を感謝(かんしや)しながら、復興に全力をそゝいで居る。

第二十六　安倍川の義夫

百八九十年昔の事であります。連日の雨で、川といふ川には水があふれました。橋のないところでは、五日も十日も水のひくのを待たなければならず、川べの宿(しゅく)はとめきれない程の客でございました。

中でも安倍(あべ)川の宿は一そうの人込であったと申しますが、「それ、川が渡れる。」といふことになりますと、我も我もと先をあらそって渡りました。渡るといっても、自分一人では渡ることは出来ません。水になれた人夫の肩に乗るか、手をひいてもらふかして渡るのでございます。大ぜいの人々が口々に人夫を呼んでは、我先に渡らうとしますし、年よりや子供は聲を立てて呼び合ひますので、川べは非常なさわぎでございました。

此の時見すぼらしいなりをした一人の男が、人夫と渡賃を高いやすいと言ってあらそって居ましたが、相談は出來ないものと見きったのでせう、着物をぬいで頭にのせ、一人で川へはいって行きました。さうしてずゐぶんあぶない目にあって、やうやう向岸に着きました。

非<u>常</u>

賃

かの人夫は、少ししてから、何の氣もなく、先程渡賃をあらそった所へ行って見ますと、革(かわ)の財布(さいふ)が落ちてゐました。取上げると大そう重くて、中には小判(こばん)がどっさりはいってゐました。これはあの人が落して行ったにちがひないが、渡賃が高いと言って、此のあぶない川を一人でこしたほどの人である。もし此の大金がなかったら、氣がちがって死ぬやうな事になるかも知れぬ。氣の毒なことだと思って、人夫はすぐ川を渡って、かの男を追っかけました。

二里程行って、大きな峠へかゝりますと、上から片はだぬいで、右手につゑをついて、かけ下りて來る者があります。見れば先の男でござい

ます。人夫は「もしもし。」と呼びかけて、た
づねました。

「あなたは今朝一人で川をこした方ではあり
ませんか。」

「さうです。」

「なんで又さうあわてて引っかへします。」

「落し物をしましたから。」

といひいひかけ出します。人夫は其の男のたも
とをおさへて、

「まあ、お待ちなさい。落した物は。」

「革の財布で。」

「中には。」

「小判が百五十両はいって居ります。五十両
は黄色なきれに包んであって、百両は小さ
な袋に入れてあります。外にまだ手紙が七
八本。」

「安心しなさい。此所へ持って來ました。」

といって、人夫は財布を出して渡しました。か
の男は夢かとばかり喜んで、財布を幾度かい
ただきましたが、目からは涙がひっきりなしに
こぼれてゐます。しばらくして、

参

直

「家の中で見えなくした物でも、中々出ないものでございます。まして人通の多い渡場で落しましたから、たとひとんで行って見た所で、もうあるまいとは思ひましたが、此のまゝ歸ることも出來ませんので、引っかへして参りました。いよいよない時には、川の中へとびこんで死んでしまはうと、かくごをして來たのでございます。それがあなたのやうな正直なお方に拾はれて、財布をいたゞかせてもらひましたが、いたゞいたのは財布ではなくて、私の命でございます。ついては此の中の金を半分だけお禮のしるしに差上げます。」

といって、財布の中に手を入れました。人夫は之を見て、

「おやめなさい。あなたから一文でももらふ氣がある位なら、此所まで持って來はしません。さあ、道を急ぎなさい。私は渡場へ歸って人を渡します。」

といって、歸らうとしました。かの男は「どうぞしばらく。」といって引きとめました。

「私は此所から百里さきの紀州の者でございま

す。房(ぼう)州へ出かせぎに行って、れふを致
して居りましたが、仲間の者が國へ送る金を
預って、此の財布に入れて來たのでございま
す。小袋の方は私どものだんなが國へおやり
になる金ですが、だんなはなさけ深い方です
から、此の金をあなたに差上げましても、お
しかりになることはあるまいと思ひます。ど
うぞ之を受取って、私の氣がすむやうにして
下さい。其の上あなたのお名前をうけたまは
りたうございます。妻や子供に、朝晩お念佛
のかはりにとなへさせます。」

人夫は之を聞いて、首をふりました。

「もしお金をもらったら、あなたの氣はそれで
すむかも知れませんが、私の氣がすみませ
ん。私は川ばたの人夫で、名前をいふ程の者
ではありません。家には七十近い父と、三十
になる妻と、三つになる子供があるので、ど
うかすると、其の日の暮しに困るやうなこと
もありますが、心にすまないことはまだ一度
もした事はありません。たとひ親子の者がう
ゑ死をするやうなことがあっても、人からい
はれなく金をもらはうとは思ひません。」

かういって、さっさと歸って参ります。かの男は「それでは困る、ぜひ。」といひながら、人夫の後について來ましたが、とうとう又川を渡って、人夫の家へ参りました。見れば年取った父といふのが、うす暗い小窓の下で、わらぢを作って居りまして、妻はろばたでぼろをつぶって居ります。かの男がわけを話して、どうかお禮を受けてくれといひますと、年よりはちょっとふりかへりましたが、何ともいはず、すぐ又仕事をつぶけました。妻もまた「せっかくですが。」といって、相手になりません。

男はしあんにくれて、役所へうったへて出ました。役人はわけをくはしくたづね、人夫をも呼び出して、

「さてさて、二人ともまことに心がけのよい者。近頃かん心致した。紀州の男は急いで國へ歸って、其の金をまちがひなく届けるやうに致せ。人夫には此方から手當を致す。」

此方

と申し渡して、人夫にほうびの金をたくさんやったと申します。

をはり

大正十三年一月十五日印刷
大正十三年一月十八日發行
大正十三年一月二十八日翻刻印刷
大正十三年一月三十一日翻刻發行

普國七

定價金十八錢

著作權所有

著作兼發行者　朝鮮總督府
京城府元町三丁目一番地
翻刻發行兼印刷者　朝鮮書籍印刷株式會社
代表者　伊東猛雄

販賣所
京城府元町三丁目一番地
朝鮮書籍印刷株式會社

朝鮮總督府編纂(1923～1924)

『普通學校國語讀本』

卷八

第4學年 2學期

普通
學校

國語讀本

卷八

もくろく

第一　皇大神宮

宮　皇大神宮は皇祖天照大神(あまてらすおうみかみ)
祖　をまつりたる宮にして、伊勢(いせ)の國五十鈴
宮　(いすゞ)の川上にあり。

體　御神體は八咫鏡(やたのかゞみ)にして、御神殿は
　　白木造のかやぶきなり。何の御かざりもなきが
　　かへつてたふとし。

祭　我が皇室にては年中のおもだちたる祭日には勅
必　使(ちよくし)をつかはされたまひ、皇室及び國家
告　に大事ある時は、必ずこれを告げたまふ。又國
　　民は皇大神宮を尊(そん)信することきはめてあつ
参拜　く、一生に一度は参拜したしとねがはざるもの
　　なし。

敬　朝鮮にも皇大神宮を勧請(かんじよう)せる神社多
　　く、年々祭典(てん)を行ひて敬神の誠を致す。

第二　日曜日

束

疲

寝

往

稲の取入れ時になつて、うちは大そういそがしくなりました。土曜の晩おさらひをしてしまふと、おとうさんが

「明日は一日稲運びを手つだつてもらひたい。川向ふの田に、六百五六十束刈上げておいたから。」

とおつしやいました。私はにはかに大人になつたやうな氣がして、うれしうございました。

「おとうさん、牛で運んでもよいでせう。」

「よいとも。しかし牛が小さいから重い荷をしよはせたらすぐ疲れるよ。」

「六十束位ならよいでせうか。」

「よからう、それ位なら。」

こんな話をして、私は早く寝ました。

六時頃に目がさめて起きて見ると、秋晴のよい天氣でした。牛を庭にひき出して、食べ物を十分にやりました。私のちげも用意しておきました。七時から仕事にかゝつて、午前中に五回往復して夕方の六時にはすつかり運んでしまひました。私は始終牛が疲れはしないかと心配してゐましたが、元氣でよく働いてくれました。

飯	夕飯の時、おとうさんが 「福童、お前はもうおとうさんの片腕だよ。あれだけの稲をどうして運んだかね。」 「私ははじめ田に行つた時、稲の束を數へてみたら、六百五十二束ありました。これを一回に六十束づつ運べば十一回かゝります。そこで私が一回分だけちげで運ぶことにして、全部十回で終りました。」  「ひどく疲れただらうね。」 「いゝえ、私はゆつくり仕事をしましたから、少しも疲れませんでしだ。」 おとうさんは大そうお喜びになりました。さうして 「仕事はお前のやうにしなくては、はかどるものではない。」 とほめて下さいました。私はよい日曜であつたと思ひました。

第三　野菊

野菊の花を見てゐると、
水の流れる音がする。
野菊の原のまんなかに、
泉が湧いて居りました。

野菊の花を見てゐると、
こほろぎの鳴く聲がする。
野菊の原の草の根に、
蟲がかくれて住みました。

影

野菊の花を見てゐたら、
雲が通つて行きました。
空に浮んで行く雲の、
影が花野に動きます。

蟲と泉の聲のする、
野菊の原はしんとして、
雲の通つた大空は、
いよいよ青くなりました。

第四　手紙

一　京城の弟から

兄さん、おかはりはございませんか。こちらはみんな丈夫です。

毎日々々よく晴れた日がつゞきます。昨日はお友達と南山に登りました。途中あまり急いだものですから、頂上に着いた時にはすつかりくたびれてしまひました。一休みしてからお辨當をたべました。

ほんたうに見晴(みはらし)がようございました。赤い煉瓦(れんが)や白い壁に、お寺や教會のくろずんだ屋根がいりまじつて、京城の市街が油繪のやうに見えました。

歸りは唱歌をうたひながら、そろそろ降りました。誰かが「栗鼠(りす)が居る。」と言ひましたので、そちらへかけて行きましたら、岩につまづいて倒れました。膝頭を少々すりむいただけです。

來週の土曜日には學校の遠足がありますから、みんな樂みにして待つて居ます。

　十月二十日　　　　　　　弟から

　　兄様

登
頂
辨

壁
街

唱歌
降

膝

二　東京の兄から

皆さんお達者ださうで何よりです。私も丈夫ですから御安心下さい。氣候がよい上に、夜が長くなりましたので、私共には大へん好都合(こうつごう)です。書物をたくさん集めましたので、此の秋は十分に勉強が出來るだらうと思ひます。

日曜日などには私もよく遠足や旅行に出かけます。此の前の土曜日には日光へ行つて、一晩泊りで見物しました。「日光を見ずに結構(けつこう)をいふな。」といふことは聞いて居りましたが、東照(しよう)宮のりつぱなのには實際(さい)おどろきました。大きな岩がそびえ、老松が茂つて居る間に、華嚴(けごん)・裏見(うらみ)・霧降(きりふり)などの瀧がかゝつて居る美しさも、またたとへやうがありませんでした。青くすんだ中禪(ぜん)寺の湖水に、紅葉したあたりの山が影をうつしてゐる景色は、ことにすぐれて見えました。ひまがあつたら、もう一度行つて見たいと思つてゐます。

日光の繪葉書を送りますから、ごらん下さい。

　　十月二十四日　　　　　　　兄から
　　　貞童様

勉

泊

松
茂
滝

紅葉

第五　揚子江

江河

揚子(ヨウス)江ハ支那第一ノ大河ニシテ、其ノ長サ一千三百里、我ガ國ノ最南端ヨリ最北端ニ至ル長サヨリモ長シ。我ガ國第一ノ長流鴨緑(オウリョク)江ノ如キハ實ニ其ノ支流ニモ及バザルナリ。汽船ハ河口ヨリオヨソ四百五十里、小舟ハオヨソ九百里サカノボルコトヲ得。

材

幅

菜

此ノ河ノ上流地方ヨリ木材ヲキリ出シ、之ヲイカダニ組ミテ河ヲ下スコトアリ。イカダノ大ナルモノハ長サ六七十間、幅三四十間、コレニ土ヲ置キテ野菜ヲ作リ、又小屋ヲ建テテ豚(ブタ)・雞(ニワトリ)等ヲカヒ、一家コトゴトクコレニ乘リテ、流ニシタガヒテ下ル。其ノ家ヲ出デテヨリ、イカダヲトキテ木材ヲ賣ルニ至ルマデ、一年ノ長キニワタルコト珍シカラズトイフ。

量豐夏增濁

域綿　貿易甚盛

揚子江ハ水量常ニ豐ニシテ、洋々ト流ルレドモ、夏季ハコトニ増水シテ、濁流江ニミナギリ、河口ヨリ海上百里ノ間、海水コレガタメニ赤シトイフ。揚子江ノ大ナルコトコレニテモ知ルベシ。

揚子江ノ流域ハ地味スコブルコエ、米・茶・綿等ノ産物多シ。又沿岸ニハ上海(シヤンハイ)・漢口(カンコウ)等アリテ、我ガ國トノ貿易甚ダ盛ナリ。

第六　呉鳳

臺灣の蕃人(ばんじん)には、お祭に人の首を取つて供へる風がありますが亞里山(ありさん)の蕃人にだけは、此の悪い風が早くから止みました。これは呉鳳(ごほう)といふ人のおかげだと申します。

呉鳳は今から二百年程前の人で、亞里山の役人でした。大そう蕃人をかはいがりましたので、蕃人からは親のやうにしたはれました。呉鳳は役人になつた時から、どうかして首取の悪風を止めさせたいものだと思ひました。ちやうど蕃人が、其の前の年に取つた首が四十餘ありましたので、それをしまつて置かせて、其の後のお祭には、毎年其の首を一つづつ供へさせました。

四十餘年はいつの間にか過ぎて、もう供へる首がなくなりました。そこで蕃人どもが呉鳳へ、首を取ることを許してくれといつて出ました。呉鳳はお祭の爲に人を殺すのはよくないといふことを説き聞かせて、もう一年、もう一年とのばさせてゐましたが、四年目になると、

「もう、どうしても待つてゐられません。」

といつて來ました。呉鳳は

帽

「それ程首がほしいなら、明日の畫頃、赤い帽
　子をかぶつて、赤い着物を着て、此所を通る
　者の首を取れ。」
といひました。

翌日蕃人どもが、役所の近くに集つてゐます
と、果して赤い帽子をかぶつて、赤い着物を着
た人が來ました。待ちかまへてゐた蕃人ども
は、すぐに其の人を殺して、首を取りました。
見ると、それは吳鳳の首でございました。蕃人
どもは聲を上げて泣きました。
さて蕃人どもは、吳鳳を神にまつつて、其の前
で、此の後は決して人の首を取らぬとちかひま
した。さうして今も其の通りにしてゐるのだと
いひます。

第七　圖書館

私共の圖書館は三學年の第二學期につくりました。圖書館といつても、本は先生の戸棚に三段しかありません。

朴さんが轉(てん)校なさつたあとが空席になりました。誰も來さうにありませんから、金さんと相談して、二人が持つてゐる繪本やお伽噺(とぎばなし)の本や雜誌(ざつし)などを入れておきました。さうして、「讀みたい人は誰でも持つて歸つてよろしい。しかし讀んでしまつたら、すぐ返して下さい。」と級中に話しました。

其の日は皆が一冊も殘らないやうに持つて歸りました。其の翌日には大ぜいが一冊二冊づつ讀みふるした本を持つて來ました。全部で三十冊餘りになつて、朴さんの席にはいらなくなりました。

先生に此の事をお話し申しましたら、「よい事をはじめましたね。」とおつしやつて、戸棚を二段貸して下さいました。そこで雜誌は雜誌、繪本は繪本、お伽噺の本はお伽噺の本と、別々にして入れておきました。入れてみると、戸棚が大きいので、一段にも足りませんでした。

かうなつて來ると、本を集めるのが樂みになつ

圖
棚
段

冊

貸

足

新

卒

て、皆が心がけて持ちよりました。先生が理科
・地理などの本を八册も新たに買つて下さいま
した。四年になつてからは本が多くなつて、戸
棚の二段目が大方一ぱいになりました。

此の間先生が「此の圖書館は他人の力を少しも
からないで出來たのですから、實にたつといも
のだ。」とおつしやいました。本の數はまだ少
うございますが、だんだんそれをふやして、卒
業までには、私共の讀みたい本は何でもあるや
うにしたいと思ひます。

此の圖書館は卒業の記念として學校へ殘してお
くことに相談してゐます。

第八　石窟庵

佛國寺をたつて、吐含山(とがんざん)の急坂をのぼること二十町、頂上に達した時、曙(しよ)光が東の空を紅にそめてゐた。日本海の水面はまだ暗い。二町ばかり下つて石窟庵(せつくつあん)に着いた。窟外の佛像(ぞう)はわづかに見えるが、窟内は暗くて何物をも認めることが出来ない。

しばらくすると夜がだんだん明けて行く。それにつれて窟内にまづ、姿のあらはれたのは花崗岩(かこうがん)をきざんだ釋迦(しやか)の大きな坐像であつた。

若々しい顔に朝の光を浴びてゐる美しさ、たつ

壁 彫 柔和 冷 接 傳 美術 進 帆 漁	とさには頭が下つた。窟内のまわりの壁面に、これも花崗岩にうきぼりにしてある菩薩(ぼさつ)が次第に見えて来た。いづれもすぐれてりつぱな彫刻で、その前に立つと、自然(ぜん)と我が身が引きつけられるやうに感じた。 ことに釋迦像のまうしろの觀世音(かんぜおん)の柔和な顔には全く見とれてしまつた。右から拜した時はもしや話をされはしないかと思つた。 窟内の諸佛像をくはしく見て釋迦像の前に歸ると、朝日の光は坐像をすつかりてらしてゐた。どう見ても冷たい石像とは思はれない。私は手をさしのべて、膝頭においていらつしやる此の像の右手の指にふれてみた。 私は佛像を見て、これほどなつかしく感じたことはなく、又此の三十幾體の石像に接したほど、よい感じを持つたことはなかつた。これだけの大作を殘した人の名が傳はつてゐないことは惜しいことである。新羅(しらぎ)時代にこれほどの美術をもつてゐた朝鮮の文明はたしかに進歩したものであつたらう。 いろいろなことを考へながら藥水のほとりに出た。秋の日は日本海をあまねくてらして、二三の白帆と五六さうの漁船が見えてゐた。

第九　農産品評會

評 點(点) 邑 豚 貫	第二日曜に農産品評會の賞狀授與(しようじよう じゆよ)式があつた。父の出品中にも入賞したも のが二三點あつたので、父と一しよに會場に行 つた。 　朝早く起きて、二里の道を急いだ。天氣がよい ので、氣持がよかつた。 　邑内にはいると、會の宣傳(せんでん)びらや廣告 が所所にはつてあつた。市の日よりも人出が多 くて、非常ににぎはつてゐた。 　會場は其所の普通學校で、門をはいると、運動 場に小屋をかけて、豚が出品されてゐた。在來 種はなくて、改良種ばかりであつた。宣傳びら に、在來種と改良種の豚の繪を面白くかいて、 改良種の子豚の口からは、「私は生れてから六 十日、十二圓で買手があります。」といつてゐ るやうに書いてある。在來種の親豚の口から は、「私は生れて二年にもなるが、七圓でも買 手がありません。」と、これもいつてゐるやう に書いてある。改良種の親豚の口からは、「滿 一年で體重四十二貫、價四十圓。」とある。父 は之を見て、「いかにもうまい。」といはれた。

雞殆 格 特	雞も殆んど改良種ばかりで、プリマスロックやレグホーンは美しい鳥だと思つた。牛が八十頭ばかりゐた。どれを見てもりつぱなものであつたが、その中でもうちの牛は、毛の色から、角・骨格・肉つき・ひづめまで、すぐれてりつぱであつた。特別賞だつた。大ぜいの人がその前に立止つて見とれてゐた。
米缺	教室には米・麥・大豆(だいず)などが陳列してあつた。此所には金の紙に一等賞、銀の紙に二等賞と書いたのが、所々にはつてあつた。父の出品した米は一等賞で、大豆は二等賞だつた。其所の宣傳びらに、「朝鮮米の三代缺點」として、「一、かわきが惡い。二、土や砂がまじつてゐる。三、赤米が多い。」と書いてあつた。父は「ちよつと氣をつけたら、わけもなくなほることだが。」といつて居られた。
棉 栽培	父は綿の陳列してあるのを見て、「陸地棉はりつぱなものだ。南鮮全部がこれを栽培するやうになつたらよいのだが。」とひとり言をいはれた。
煙草 柿 梨	繭(まゆ)も出てゐた。煙草・なんきんまめも出てゐた。大根・かぶら・ごばう・れんこん・白菜・たまな・ねぎ・じやがたらいも・さつまいも・さといもなどの大きいのも出でゐた。柿・梨

栗

巡

結

・林檎(ご)などの果(くだ)物から、栗・くぬぎ・松・きりなどの苗木、かます・繩・むしろなどの加工品、農具などまで陳列してあつた。

一巡見てしまふと、賞狀授與式が始まつた。父は賞狀や賞品をもらつて、「一年中の努(ど)力の結果だ。」といつて喜んだ。

第十　朝鮮人蔘

植 亦 珍重 好設 掘皮 府製造 傳說婦	朝鮮人蔘(にんじん)は藥用植物なり。もと山野に自生したるものなれども、今は多く之を栽培す。朝鮮至る所多少之を産し、內地・滿洲及びアメリカ合眾國の一部にも亦之を産す。 朝鮮人蔘は多く南方支那に輸出す。支那人の高麗(こうらい)人蔘とてことに珍重するは、開城地方より産するものなり。 朝鮮人蔘を栽培するには、まづ苗床を作りて種をまく。一年の後苗を本圃(ぼ)に移し、五年目の秋に收穫(しうかく)す。人蔘は日陰を好む植物なるが故に、蔘圃にはすべて日覆(ひおうい)を設く。 掘り取りたる人蔘を洗ひ、表皮をはぎ、日光にてほしたるを白蔘(さん)といひ、むして後日光と火力にてかわかしたるを紅蔘といふ。紅蔘は朝鮮總督(とく)府のみ製造し、かつその販賣(はんばい)を掌(つかさど)る。 朝鮮人蔘につきて面白き傳說あり。昔或婦人子なきをうれひて、神に「一子をさづけたまへ。」といのりたり。或夜の夢に、神、枕べに立ちたまひ、「明日山に入りて、今我が教ふる所へ行くべし。必ず望のものをさづけん。」と

仰

仰せられたり。婦人大いに喜び、夜の明くるを
まちて、山にのぼり、教へられたる所に至りし
に、見なれぬ草に、赤く美しき實のなれるあり。婦人
は神のさづけたまふはこれならんと思ひ、その實を取
り、歸りて畠にまけり。間もなく芽出で、次第に成長
しければ、婦人は我が子の如く之を愛して育てたる
に、年をへて大なる人蔘出來たり。婦人はこれ全く神

のたまものにして、我が一生の業とすべき事な
りとて、これより人蔘の栽培に力をつくし、長
壽(じゆ)をたもちて幸福に暮したりといふ。

第十一　市

活

檎

反

　□　此の頃南門の市に行つてみると、我々の日々の生活に要する一切の物は何でもある。米がほしければ米がある。麥がほしければ麥がある。たうがらしでも、にんにくでも、しほでも明太魚(めんたい)でも、こんぶでもある。大根・白菜等の野菜から柿・林檎などの果(くだ)物まで、好きな物をほしいだけ買ふことが出来る。反物・わらぢ・洗濯(たく)棒・洗面器・箒(ほうき)・しやうじ・ちげ・門札・帽子等大ていの買物は市に行けば用が足りる。

鯉

　□　十四五羽の雞の片足を、一羽々々細い繩でしばつて、繩のはしを膝の下にしいてゐる雞屋がある。鯉をたらひに生かしておいて、しきりに客にすゝめてゐる魚(さかな)屋もある。ほしたききようの根や、ぜんまいも賣つてゐる。

小高い所にはまきや松葉を賣つてゐる。全部賣りあげても、十五錢か二十錢にしかなるまいと思はれる程の小店もある、飴やマッチを賣る子供も多い。

店
飴

□　市に出る商人の多くは、市から市へ渡り歩く者であるが、中には自分のうちでこしらへたものを自ら賣り、又はあまつた雜穀（ざつこく）・野菜などを持ち出して必要品とかへに來る者もある。市商人の商品には大體定つた相場があるが、持ち出した品物には、其の日の賣手と買手とによつて市の相場

定

存

戚

が出來る。其の中には賣る競爭(きようそう)も
あり、買ふ競爭もあつて、存外高く買つた
り、存外安く賣つたりすることがある。

□　市日には偶然(ぐうぜん)親戚・知人にあふこ
ともある。家々では市の歸りのおみやげを待
つてゐる。朝鮮の市日はみんなの樂しい日で
ある。

第十二 日野と開城

日野は滋賀(しが)縣蒲生(がもう)郡にある町で、有名な近江(おうみ)商人は多く此所から出てゐる。町は小さくて、開城のやうににぎやかではないが、商業上では開城と甚だよく似てゐる。

日野も開城も交通及び産業の上から見て、商業地ではないけれども、日野商人・開城商人は共に商業界に重きをなしてゐる。それがいづれも行商によつて、その基礎(きそ)をつくつたのである。

開城商人は絹の着物を着ることをはぢる。日野商人もぜいたくなみなりを好まない。共に質素・儉約をたつとぶ氣風が強い。

開城商人は殆ど朝鮮全道の商業に關係(かんけい)をもつてゐる。日野商人は遠く關東地方に支店を出して、商業にはげんでゐる。共に勤勉であり、機敏である。

日野商人は德川時代の通信交通の不便な頃、組合をつくつて、商品の輸送・通信・送金・旅宿等の便宜をはかつてゐた。開城商人は多年の經驗(けいけん)から帳簿(ちようぼ)の記入法を工夫して、今も之を使用してゐる。

店員を信用して、支店の經營又は取引上のこと

縣郡有
似

絹
質素
儉

店
勤
敏
德宿
宜
使員營

孫

をすべてまかせる習慣(かん)は、日野・開城共に同一である。日野商人には武士(ぶし)の子孫が多く、開城商人には兩班(やんばん)の子孫が多い。

日野と開城とは內鮮遠くはなれてゐるが、商業の道には甚だ相近いものがある。

第十三　助け舟

恐嵐沈没	恐ろしい嵐が海岸を吹きまくつてゐる。沈没しかけてゐる船がすくひをもとめてゐる。助け舟の用意は出來た。だが、まだ一人手が足りない。 「おかあさん、私を乘せて下さい。」
勇	と、勇吉は母に向つて言つた。 勇吉の父は半年程前に漁船に乘つて海へ出たまゝ歸つて來なかつた。たよりにしてゐる息子（むすこ）に萬一の事でもあつたらと思ふと、母は勇吉を助け舟に乘せるのが心配でたまらなかつた。しかし船は今にも、沈まうとしてゐる。其の中には大ぜいの人が乘つてゐるにちがひな
静	い。母は決心した。そして静かな聲で、 「乘つて行きなさい。」
對夫胸疊	と言つた。子に對する心配と、夫をなくした悲みで、胸ははりさけるやうであつた。母は自分の家に歸つて、疊の上にうつぶしたまま、長い間動かうともしなかつた。 にはかに家の前に人の聲が聞えた。勇吉が息を切らしてはいつて來た。
無	「おかあさん、喜んで下さい。私は無事に歸つて來ました。船の人たちはみんな助かりました。

驚 賣	勇吉はつゞけて言つた。 「それからおかあさん、おとうさんが歸つてい らつしやいました。」 母は全く思ひがけない息子の言葉に、夢かとば かり驚いた。 「おとうさんはあの船の中にいらつしやつたの です。この前、嵐で船がこはれた時、おとう さんは外國の船にすくはれました。其の船は おとうさんを乗せたまゝ、港を廻つて商賣を してから、また此の沖へやつて來ました。そ してあの嵐にあつたのです。」 其の時ことことと足音がして、ひげの長くのび た人が、家へはいつて來た、それは勇吉の父で あつた。

第十四 日の神と月の神

濱
師

昔、或濱べに延烏（えんう）と細烏（さいう）といふ
夫婦の漁師が住んでゐた。或日のこと、延烏が
いつものやうに海で藻（も）を探（と）つてゐると、
そばにあつた岩がぐらぐら動きはじめた。不思
議に思ひながら、わらぢをぬいで其の上に上つ
て行くと、岩は急に浮び上つて、延烏を乗せた
まゝ、沖の方へだんだん動いて行つた。

鏡

違

空はよく晴れて、海は鏡のやうにおだやかであ
つた。岩はゆらりゆらりと流れて行つたが、し
ばらくして或海岸に着いたと思ふと、其所へぴ
つたりとくつついてしまつた。其の土地の人た
ちは、岩の上に人間が乗つて来たのを見て驚い
た。そして「きつとえらい方に違ひない。」と
思つて、延烏を大そうそんけいした。

妻の細烏は夫が帰つて来ないので、心配して海

違

岸に出て見たが、其所にはぬぎすててたわらぢが
あるばかりであつた。「海の中にはいられたに
相違ない。」と思つて、岩にかじりついて泣い
た。すると其の岩も動き出して、細烏を乗せた
まゝ、沖の方へずんずん流れて行つた。そして
前の岩と同じ海岸へ行つてくつついた。

延烏と細烏が他へ行つてからは、もとの濱べは
急にうす暗くなつた。日の光はぼんやりかすん
でしまひ、月の光は全くなくなつてしまつた。
毎日氣味の悪いどんよりした日がつゞくやうに
なつた。

或物しりが言つた。

明

「延烏と細烏は日の神と月の神であつたのだ。
　二人を呼び返さなければ、もとのやうに明る
　くはならない。」

そこで使がはるばる延烏をたづねて、帰るやう
に願つた。ところが延烏は

願

「いや、私は帰らない。私が此所へ来たのは来
　るわけがあつたからだ。此所にあやの織(おり)
　物がある。これは妻の織(お)つたものだから、
　これをまつるがよい。」

と言つた。使はそれを持ち帰つてまつつた。そ
こで、日と月はもとのやうに明るくなつたとい
ふことである。

第十五 面事務所

務

計

税

監督

扱
洞
區

毎日面事務所の前を通つて學校へ行く生徒の中に、「面事務所には誰がゐるのだらう。」といひ出した者があつた。「面長さんさ。」と一人がすぐに答へると、「會計員や書記も居られるよ。」と誰かがいつた。

それから「面事務所は何をするところだらう。」といふことが、つゞいて問題(だい)になつた。「僕は此の間税金ををさめに行つた。」と一人がいふと、「いつだつたか、おとうさんが妹の出生届をお出しになつた。」と又一人がいふ。「僕は此の間おとなりのをばさんがなくなつた時、埋葬認許證(まいそうにんきよしよう)をもらひに行つた。」といふ者もある。かうなつてくると、「面長さんが監督して、道路をなほしていらつしやつた。」とか、「チフスのはやつた時、面事務所から消毒に来た。」とか、いろいろ見たこと聞いたことを話し合つた。

或日此の事を先生に話したら、「面事務所はその面内の産業・衞(えい)生・消防・戸籍(せき)等のことを取扱ふ所だ。」といはれた。また面には面協議(きようぎ)會があること、町・洞・里には區長がおいてあることなども教へて下さいました。

第十六 乃木大將

既
征

明治三十七年五月一日、乃木(のぎ)大將は旅順要塞(さい)攻擊(げき)の司令(しれい)官になられました。これよりさき、二子勝典(かつすけ)・保典(やすすけ)は既に滿洲の野に出征してをりましたが、ちやうど大將が東京から廣島に着かれた二十九日に、長男(なん)勝典氏の戰死の報が届きました。大將が夫人に「一人戰死しても棺(かん)を出してはならぬ。父子三人の葬(そう)式を一しようにせよ。」といはれたのはこの時のことです。

詩

　六月六日大將は滿洲に上陸され、八日南山の新戰場をとうて、勝典氏の墓の前にたち、「征馬すゝまず、人語らず。」といふ詩をつくられました。

大將が要塞攻擊に力をつくされること半年、保

<table>
<tr><td>銃丸</td><td>典氏は友安旅團(だん)の副(ふく)官として、爾靈
(にれい)山攻撃の軍中にをられたが、十二月一日
旅團長の命で、村上聯(れん)隊に使を果しての歸
りを、銃丸に額(ひたい)をうちぬかれて、悲壯
(ひそう)な戰死をとげられました。</td></tr>
<tr><td>未</td><td>二日未明、この報が軍司令部に達しました。白
井參謀(ぼう)が大將にこの事を報告しましたら、
たまたま椅子(いす)によりかゝつて眠つて居られ
た大將は「うむ、さうか。」と一言いはれたき
りでした。しばらくして「今保典が副官の肩章
(けんしよう)をかけずに來たから、しかつて返し
た夢をみてゐた。」といはれました。</td></tr>
<tr><td>難</td><td>旅順要塞は難攻不落といはれてゐました。この
要塞をおとしいれるため、味方の死傷(しよう)が
六萬餘に達したといふことです。大將はこのお
びたゞしい死傷者が出來た事を、心から悲しま
れました。</td></tr>
</table>

第十七　三寒四温

殊

朝鮮の冬には北西の風多し。此の風、一度吹か
ば寒氣殊に甚だしくして、てる日の光さへにぶ
く、地上の氷少しもとけず、道行く牛のよだれ
の凍れるを見る。

かゝる天氣二三日つゞけば、北西の風おとろへ
て、温みを感ず。空には雲あらはれ、氣温次第
にのぼる。此の時南の風吹けば、海上の温き空

覺

氣地上を覆(おう)ふ故に、春かと思ふあたたかさ
を覺ゆ。

やがて雨となり、或は雪となりて後、空すみ渡
れば、また北西の風強くなりて、寒き日來る。

均

かくて天気のうつりかはること、一箇月に平均
四五回なれば、三寒四温の名もおのづから起り
たるなるべし。しかし寒き日は三日と定まれる
にあらず、温き日は四日と限らざるなり。三寒
四温とはつまり寒き日の後に温き日の來り、温
き日についで寒き日の來る意なり。

京城にては十月の初、既に三寒四温を感ず。十

經

一月十二月を經て、一月に入れば零(れい)下二十
度内外の寒さに至る。されど寒温の變化(へんか)
あるが故にしのぎやすし。

第十八 雪の朝

　ゆふべからの雪が、今朝はからりとはれ上つて、見渡す限り一面の雪景色である。

　岩のとがつた山も雪にうづまつて、なだらかになり、朝日をうけてきらきらとかゞやいてゐる。ふもとのあたりに五六軒ならんでゐる農家から、煙が低くはふやうにたちのぼつて行く。

　田も畑も雪に覆(おう)はれて、あぜも切株もわからない。其の中を川が枯木の枝のやうに分れて、細い線を引いてゐる。水はすつかり地面に凍りついて、蘆(あし)は折れ曲つたまゝ、風に動かうともしない。

畑

　川べりのポプラはみんな葉が落ちて、箒(ほうき)のやうにたちならんでゐる。一きは高い木の梢に、黒いかたまりの見えるのは、多分鳥の巣だらう。

梢

　さつきからじつと止つてゐた鵲(かさゝぎ)がぱつと飛びたつて、外の枝に移つた。雪がはらはらと散る。

飛

　風が一しきり木を動かして、空を通つて行く。

第十九　大森林

森

朝鮮の大森林は鴨緑(おうりよく)江・豆滿(つまん)江の上流地方にあり、咸鏡(かんきよう)南北道及び平安北道にまたがる。

積

總面積約二百二十萬町歩(ぶ)ありといふ。紅松(べにまつ)・杉松(さあすん)・落葉松(からまつ)・てうせんやまならし・しなのき・どろのきなどの密(みつ)生したる所多し。此の大森林の樹木は、過去幾萬年自然(ぜん)に生じ、自然に

去

成長し、自然に枯れ自然に朽(く)ちたりしが、明治四十三年營林廠(しよう)をおかれて以來、伐(ばつ)木・運材・製材・造林の施設(しせつ)次第にとゝのひて、今は一大富源として開發せらるゝに至れり。夏季に伐りたる木材は地面の氷

富
伐
氷
雪

結するをまち、又は積雪を利用して地曳出(じび

きだし)、山落(やまおとし)によりて之を適當の地に集む。さらにそれを輕便鐵道・木馬等によるか、或は牛にひかせて江岸に運ぶ。かくして初夏の解(かい)氷期をまちていかだに組みて流す。その最も盛なるは六月より九月までなり。新義州又は會寧(ねい)に集りたる木材は原木のまゝにて之を賣り、或は製材して需(じゆ)要者にわかつ。朝鮮全道に要する木材は、大てい此の森林より伐り出したるものにして、今は内地に移出せらるゝものも少からずといふ。まことに天然(ねん)の寶庫(ほうこ)といふべし。

されどいかなる大森林といへども、たゞ伐採(ばつさい)するにまかせて造林に心を用ひざれば、つひに荒廢(こうはい)するに至らん。營林廠にては伐採したるあと、又は樹木なき地に苗木を植ゑこみて、しきりに造林につとめつゝあり。

輕

初

原

第二十 日本海

圖

私は地圖を見ることが好きです。地圖を見てゐ
ると、いろいろの事が考へられます。考へれば
考へるほど、日本海は面白い海だと思ひます。

峽

間宮(まみや)・宗谷(そうや)・津輕(つがる)・朝
鮮・對馬(つしま)の五海峽をふさいだら、日本海
はまるで池です。そのまはりの陸地で、シベリ
ヤと樺太(からふと)の一部をのぞけば、すべて日
本の領土です。そのせゐか私には日本海が自分
のもののやうに思はれます。

勢 裏	朝鮮の地勢を見ると、西が表で日本海沿岸は裏のやうです。本州も日本海沿岸地方を裏日本といひます。どうみても日本海は日本の國の裏庭の大きな池です。 此の裏庭の池に潮の流が二つあります。それは南、對馬海峽から來て、裏日本にそつて宗谷海峽に向ふものと、北、宗谷海峽から來て、朝鮮の東海岸を洗つて朝鮮海峽に向ふものです。南から來るものは暖く、北から來るものは冷たい。これによつて裏日本が朝鮮の東海岸地方に比して暖いわけがわかります。
比	
暖	交通の不便な大昔でも、此の潮の流に運ばれて、内地と朝鮮との間に、お互に移住したり往來したりしたのだらうと思ひます。 寒流と暖流と相接する海には、水産物の種類が多いさうです。鰊(にしん)・鰮(いわし)・鱈(たら)・明太魚(めんたい)・鮭(さけ)・鱒(ます)・鯖(さば)・鰤(ぶり)・鮑(あわび)・海鼠(なまこ)・鯨(くじら)・昆布(こんぶ)・和布(わかめ)等は日本海のおもな産物で、これがために巨額(きよがく)の収益があるといふことです。
収益	

第二十一　新浦明太魚漁

養

顏

咸鏡(かんきよう)南道の新浦(ぽ)は明太魚(めんたい)漁で名高い所である。前に馬養島をひかへて、天然の良港であるから、明太魚の漁期には、漁船が四五百艘(そう)も出入して頗るにぎはしい。

明太魚(めんたい)は九月十月の頃、南江原道の近海でとれはじめ、次第に漁場が北に移つて、三四月の頃、咸鏡北道に及ぶものである。その中十二月から一二月にかけて、馬養島數里の沖でとれるのを最もよいのだといつてゐる。それは産卵期だからである。

卵

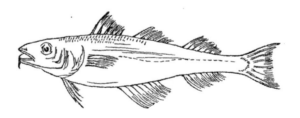

明太魚の漁期に新浦へ行つて見ると、家と家との間の廣場には、高く棚をこしらへて、それに明太魚をかけてほしてゐる。さかりになると、新浦は明太魚でうづまつてしまふ。此の地では一年間の生活費を、この三月にとりあげるといふから、どれほど多くとれるかは、それだけでもわかる。

積

旗

尾

去

漁船は大てい網を積んで出かける。漁場に着くと、前に入れておいた網をあげて、積んで行つた網を入れて歸る。大漁の時は赤い旗を立てて、ふなうたをうたひながらゐせいよく歸つて來る。順風の時には、歸る間に網から魚をはづして、十尾づつ葛（くず）の蔓（つる）につないでおくが、手のまはらない時は、棧橋に着いてからその作（さ）業をする。

かうして魚の數が明かになつて、漁師の手をはなれると、魚を運ぶもの、網を運ぶもの、魚の腹をさいて腸（ちよう）を去り肝臓（かんぞう）や卵をとるもの、明太魚を洗つて棚にかけるもの、網をほしたり、またつくらふもの、肝臓から油をとるものなど、それぞれ分業になつてゐる。

止

漁船の歸つて來た時が朝であつても、夜中であつても、棚にかけてしまふまで、決して作業を中止することはない。零(れい)下二十幾度といふ、寒さの中でも、びくともしないこの作業ぶりは、實に勇ましいものである。

朝鮮で年中の食膳(ぜん)をにぎはす明太魚は、この馬養島の沖にあつまる明太魚の群の何分の一か、何十分の一にすぎないといふことである。

第二十二 分業

マッチはちよつとした物で、價も安く、一包十箱が十錢ぐらゐで買はれる。しかし之を一人で造るとして、こんなに安く賣れるであらうか。

たとひ休まず働いても、一人では一日に一包は造れまい。かりに造れたとしても、それを十錢ぐらゐで賣つてはまうかるまい。まうかるどころか非常な損になる。それではマッチは、どうして誰が造るのであらう。

マッチの製造所へ行つて見ると、職工が大勢居つて、それぞれ手分をして働いてゐる。

材木を機械にかけて軸（じく）木をこしらへてゐる者もあり、軸木を火で乾かす者もあり、乾かした軸木の先に藥をつける者もあり、藥をつけた軸木を温室で乾かす者もあり、乾かしたのをそろへてマッチの箱に入れる者もあり、箱に入れたのを十づつ集めて包紙に包む者もある。すべてかういふやうに手分をして別々に仕事をすることを分業といふ。

分業で造ると、其の出來がよいばかりでなく、出來高が大そう多くて、一人々々別々になつて造るのとは比べものにならない。したがつて一包のマッチを十錢ぐらゐで賣つても、さうおうにまうかるのである。

損

職

乾

分業はマッチの製造ばかりではない。うちはを
造るにしても、時計を造るにしても、家を建て
るにしても、皆これによるのである。

分業で仕事をする時、誰か一人の手ぎはが悪い
と、全體の出來までも惡くなる。やはり世は相
持のものである。

第二十三　寒食日

墓
墓

二月ノ終、或ハ三月ノ初ニ寒食日トテ先祖ヲ祭リ又墓參ヲナス日アリ。即チ墓ノ周圍（シウイ）ニ木ヲ植ヱ、草ヲ取リテ清潔（ケツ）ニシ、崩（クズ）レタル所ヲツクロフナドノコトヲ行フモノトス。

元旦（タン）・端午・秋夕（セキ）ニ此ノ日ヲ加ヘテ四名節トナス。

落 餅 遊	寒食トハ火ヲタカズシテ、冷キモノヲ食スル事 ヲ言フ。昔支那ニテ忠臣ノ山ニカクレタルヲサ ガシ出サントシテ火ヲハナチタルニ、其ノ人燒 （シヨウ）死セリ。人々之ヲアハレミテ、寒食シタ リトイフ傳說ニモトヅクモノナリトゾ。 昔ハ村落ナドニテハ寒食ヲ實行シタル所アリシ モ、今ハ其ノ事ナシ。餅・燒（ヤキ）肉・麵（メン） 類ナドノ御馳走（チソウ）ヲツクリ、仕事ヲ休ミテ 一日遊樂スルナリ。

第二十四 皇太子殿下の海外御巡遊

給奉祈

航歳

陞

大正十年三月三日、皇太子裕仁(ひろひと)親王殿下には東京を御出發遊ばされて、海外御巡遊の途に上らせ給ふ。國民の奉送盛にして、一路の御平安を祈らざるものなし。

午前十一時三十分御召艦香取(かとり)、供奉(ぐぶ)艦鹿島(かしま)、しづかに進航をはじむれば、橫濱の海に陸に、萬歳の聲ひゞきわたる。

午後三時御召艦は葉山御用邸(てい)の沖を通過す。此の時殿下には上甲板に出でさせられ、御容(おんかたち)をあらため給ひて、兩陛下を御遙(よう)拜あらせられ、望遠鏡(ぼうえんきよう)にて御用邸を望み給ひて、御名殘を惜しませ給ふ。

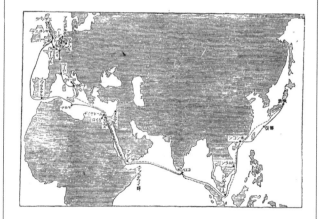

三月六日沖繩に御上陸、十日香港(ホンコン)御着、十八日シンガポール、二十八日コロンボに着かせ給ふ。御機嫌(げん)いよいようるはし。四月十五日スエズ御着、二十四日マルタ島、三十日ジブラルタルに御安着あらせらる。

五月十日イギリスのロンドンに着き給ふ。十一日はロンドン市長の皇太子殿下を御歡迎(かんけい)申し上ぐる日なり。正午、殿下には英國皇太子殿下と共に歡迎の式場に成らせられる。御道すぢに於(お)ける英國民の歡迎甚だ盛なり。

殿下の式場にのぞませらるゝや、「君が代」の奏樂(そうがく)と共に、一同起立して奉迎す。殿下は市長の案内により、一同の敬禮せる間を静かに進ませ給ひ、數段高き演壇(えんだん)上の御座に着き給ふ。

英成代起

妻
置
私語

御座の後には市長夫妻の席あり。さらにその後方に英國の皇族貴賓(きひん)、日本の高官・供奉員の席あり。それぞれ所定の位置に着くや、一同始めて着座し、一人の私語する者なく、場内水をうちたるが如し。殿下は沈着なる御様子にて御椅子(いす)によらせ給ふ。

やがて市長は殿下の御前に進みて、歡迎のことばをのぶ。その終るや、皇太子殿下には御椅子をたち給ひ、演壇の前方に進ませられ、一同を見渡して輕く御會釋(えしやく)をたまひ、御聲さわやかに御答辭(とうじ)を御朗(ろう)讀あらせらる。

この間一同はさながら醉(よ)へるが如し。讀み終らせ給ふや、拍手(はくしゆ)一齊(せい)におこりぬ。この有様を拜したる日本人は、感きはまりて言ふ所を知らざりき。この日の會衆は外國知名の士一千名ばかりにして、御巡遊中に於ける最もはれの御日なりしなり。

士

その後英國にては名高き所を御らん遊ばされ、三十一日フランスのパリに着き給ふ。

六月十日ベルギーの都ブリュッセルを、十五日オランダの都アムステルダムを訪(と)ひ給ひ、二十六日再びパリに歸り給ふ。御滯在十一日間。此の間に名高き歐(おう)洲大戰亂(らん)の戰蹟(せき)を御らんあらせらる。

再
滞

建未　仰奉

七月七日。パリを御出發、ツーロンより御乘船、十二日イタリヤのローマに着かせ給ふ。十九日ナポリよりいよいよ御歸航の途につかせらる。それより四十餘日間の長き御航海もつゝがなく、九月三日午前九時横濱に着き給ふ。

皇太子殿下が建國以來未だかつてなかりし御壯擧(そうきよ)をめでたく終らせ給ひしに對し、國民は等(ひと)しく喜びあひて、御德の高きを仰ぎ奉りぬ。

第二十五　菅原道眞

<u>幼</u>	菅原道眞(すがわらみちざね)は幼い頃から學問をはげみ、行を正しくしたので、役人になつてからも重く用ひられた。 役人の中に道眞の出世をねたんで、ざんげんをする者があつた。道眞はつひに官をおとされて、都から遠くはなれた西の國の太宰(だざい)府へうつされることになつた。 「春風が咲くやうになつたら、りつぱに花を開いてくれ。たとひ私が居なくなつても、春の來たことを忘れてくれるな。」
<u>梅</u>	道眞はかういふ意味の歌をつくつて、庭の梅の木に別を惜しんだ。 

變	何百里といふ長い道中を雨や風にうたれて、悲しい旅をつゞける道眞の心はどんなであつたらう。或人がその變りはてた姿を見て驚いた。 「びつくりしないがよい。何事もあきらめてゐるのだから。」 といつて、道眞には誰もうらむ心はなかつた。
淋	淋しい西の果(はて)に住居(すまい)を定めて、春を送り秋を迎へるにつけても、都のことが思ひ出される。天皇のありがたいおめぐみがしみじみと感ぜられる。道眞は詩を作つて淋しい心をなぐさめた。
罪	西の國へ來て三年の後、道眞はなくなつたが、其の後罪のないことが明らかになつて、高い位を贈(おく)られた。 天滿宮は道眞を祭つた神社である。

第二十六　空に迷ふ

善
飛

日支親善のために大正十年九月二十七日東京・長春間の飛行を開始することになつた。先づ所澤(ところざわ)を出發した我等の四機は、九州の太刀洗(たちあらい)に向つた。

此の頃満洲の黄沙(こうさ)が飛んで來て、連日天を覆(おう)ひ、太陽(たいよう)はまつかに見えてゐた。四機は太刀洗でむなしく其の晴れるのを待つた。

十月四日は對馬(つしま)・朝鮮兩海峽を横斷(おうだん)して、京城まで飛行する日である。午前九時十五分四機は相ついで出發し、福岡・唐津(からつ)を經て海上に出た。我は程なく壹岐(いき)・對馬が見られることと思つて進行してゐたが、急に羅針盤(らしんばん)にくるひを生じて、全く方向を定めることが出來なくなつた。

その中に我が機は霧(きり)の中にはいつて、つひに壹岐も對馬も見られなかつた。霧を出ると、なた黄沙の中にはいつた。我は全く空に迷つてしまつた。此の時十時四十分。

頂

飛行すること三十分、始めて山の頂を見た。しかしそれは海中の孤(こ)島で人家は見えなかつた。東北の風が次第に強くなつて、氣流はます

ます悪くなつた。

我は此の孤島を日本海上のものと思つた。今から思ふと、それがあやまりであつた。我が機はさきに方向を變じて既に黄(こう)海に出てゐたのであつた。我は方向を左にとつて朝鮮を横断しようと考へた。約一時間飛行したが、さらに陸地を見ない。我は多少心細さを感じた。

それから前進すること二時間、太刀洗を出てからは既に四時間、他の三機は京城に着いてゐるだらうなどと思ふと、いらいらした氣持になつた。そこで油量をはかると、なほ三時間は飛行することが出来る。

若

我はしづかに考へた。「我が機はどの方向に向つてゐるか全くわからない。かたむく日の方角を西と定める外に道がない。若し太陽を追つて進んだら、三時間の中には支那大陸に着くことが出來るかも知れない。」と。我はその後迷ふことなく、かぢを太陽に向けた。

飛んでも飛んでも、空と海と太陽の外には目に入るものがない。我はつひにどうなるだらうと考へずにはゐられなくなつた。時計は午後四時をさしてゐる。既に二時間西へ飛んで、まだ陸地を見ないのだ。再び油量をしらべると、もはや五十分をさゝへるだけしかない。これを見ては、我が生命は此の海上につきるものと覺悟(かくご)した。

我は飛行するたびに一命はかけてゐるから、今さら此の身を惜しいとは思はない。けれども此の貴重なる飛行機をたゞ海底に沈めてしまふことは、國家に對して申譯がないのみならず、我自身としても甚だ不本意である。せめては飛行した時間だけでも、此の海に沈んだことだけでも知らせたいと思つた。そこでナイフを取出して機體にほりはじめたが、動搖(よう)がはげしくて果さなかつた。

貴底譯

寄 唱	それから水筒(とう)を引寄せて、殘りの水を飲みほした。ふりかへつて東に向ひ、三度天皇陛下の萬歳を唱へた。次に郷(きよう)里の母に別を告げ、兄の一族の平安を祈つた。
握 放	我が死は刻々にせまつて來る。ガソリンのつきた時こそ、我が機と生命の最後である。飛行する力がつきたら、我は機と共におちるまでだ。今はハンドルを握る必要もないと思つて、兩手をハンドルから放した。しばらくすると機は右にかたむいて、墜落(ついらく)のまぎはになる。すると左手が我知らず出て、ハンドルを引く。しばらくすると又左にかたむく。すると右手が出て又ハンドルを引く。自分でも不思議だと思ひながら、三千五百メートルの高所を飛行しつゞけた。
降	四時二十分低空に雲を認めた。我は直ちに陸地だと感じた。降下して行くと、大きな河口を見つけた。ついで部落を見つけた。我はたゞたゞうれしくて夢ではないかと思つた。着陸した時は實にガソリンのつきる二十分前であつた。
	其所は支那の江蘇省(そしよう)の或村で、かけつけて來た老村長は終始我を保護(ほご)してくれた。

我は今も時々其の當時を思ひ出して涙ぐむこと
がある。我を乗せて七時間飛んだあの飛行機、
着陸後の支那官民の手あつき保護、青島(チンタ
オ)より派遣(はけん)せられた救(きう)護の人々に
あつた喜びは、我にとつて終生忘れることが出
來ないものである。

をはり

大正十三年八月十五日印刷
大正十三年八月十八日發行
大正十三年八月二十八日翻刻印刷
大正十三年八月三十一日翻刻發行

普國八 13

定價金十八錢

著作權所有

著作兼發行者　朝鮮總督府
京城府元町三丁目一番地

翻刻發行兼印刷者　朝鮮書籍印刷株式會社
代表者　伊東猛雄
京城府元町三丁目一番地

販賣所　朝鮮書籍印刷株式會社
京城府元町三丁目一番地

▶ 찾아보기

편자소개(원문서)

김순전 金順槇

소속 : 전남대 일문과 교수, 한일비교문학·일본근현대문학 전공

대표업적 : ①저서 : 『韓日 近代小說의 比較文學的 研究』, 태학사, 1998년 10월

②저서 : 『일본의 사회와 문화』, 제이앤씨, 2006년 9월

③저서 : 『조선인 일본어소설 연구』, 제이앤씨, 2010년 6월

사희영 史希英

소속 : 전남대 일문과 강사, 일본근현대문학 전공

대표업적 : ①논문 : 「일본문단에서 그려진 로컬칼라 조선」, 韓國日本文化學會,
「日本文化學報」 제41집, 2009년 5월

②저서 : 『『國民文學』과 한일작가들』, 도서출판 문, 2011년 9월

③역서 : 『잡지 「國民文學」의 詩 世界』, 제이앤씨, 2014년 1월

박경수 朴京洙

소속 : 전남대 일문과 강사, 일본근현대문학 전공

대표업적 : ①논문 : 「『普通學校國語讀本』의 神話에 應用된 <日鮮同祖論> 導入樣
相」, 『일본어문학』 제42집, 일본어문학회, 2008년 8월

②논문 : 「임순득, ‘창씨개명’과 「名付親」-‘이름짓기’에 의한 정체성 찾
기-」『일본어문학』 제41집, 일본어문학회, 2009년 6월

③저서 : 『정인택, 그 생존의 방정식』, 제이앤씨, 2011년 6월

편자소개(원문서)

박제홍 朴濟洪

소속 : 전남대 일문과 강사, 일본근현대문학 전공

대표업적 : ①논문 : 「메이지천황과 學校儀式敎育-국정수신교과서를 중심으로」,
『일본어문학』 28집, 한국일본어문학회, 2006년 3월

②논문 : 『보통학교수신서』에 나타난 忠의 변용, 『일본문화학보』 34집,
한국일본문화학회, 2007년 8월

③저서 : 『제국의 식민지수신』-조선총독부 편찬 <修身書>연구-
제이앤씨, 2008년 3월

장미경 張味京

소속 : 전남대 일문과 강사, 일본근현대문학 전공

대표업적 : ①논문 : 「일제강점기 '일본어교과서' Ⅰ기・Ⅳ기에 나타난 동화의 변용」
『日本語文学』 52집, 한국일본어문학회, 2012년 3월

②편서 : 學部編纂 『日語讀本』上・下, 제이앤씨, 2010년 7월

③저서 : 『수신하는 제국』, 제이앤씨, 2004년 11월

朝鮮總督府編纂 『普通學校國語讀本』 第二期 原文(中)

초판인쇄 2016년 09월 26일
초판발행 2016년 10월 17일

편   자 김순전 사희영 박경수 박제홍 장미경 공편
발 행 인 윤석현
발 행 처 제이앤씨
등록번호 제7-220호
책임편집 이신

우편주소 132-702 서울시 도봉구 우이천로 353, 성주빌딩 3층
대표전화 (02) 992-3253(대)
전   송 (02) 991-1285
홈페이지 www.jncbms.co.kr
전자우편 jncbook@daum.net

ISBN 979-11-5917-028-7 94370   **정가** 23,000원
     979-11-5917-026-3 (전3권)